COMMUNICATION EFFICACE

Conception graphique de la couverture: Eric L'Archevêque
Photo: The Image Bank/Garry Gay

*Pour vous familiariser avec l'approche décrite dans cet ouvrage,
vous pouvez participer à une formation ou obtenir une consultation
en communiquant avec les organismes suivants:*

Canada: **Actualisation,**
Place du Parc, C.P. 1142
300, Léo-Parizeau, bureau 705, Montréal, H2W 2P4
Tél.: (514) 284-2622 Télécopieur: (514) 284-2625

France: **Formation Gordon France**
22, rue Royale, 75008 Paris
Tél.: (1) 42.60.16.30 Télécopieur: 40.15.09.38

Belgique: **École des parents et des éducateurs**
14, Place des Acacias, B-1040 Bruxelles
Tél.: (2) 733.95.50 Télécopieur: 733.02.26

Suisse: **Centre Godon Suisse Romande**
C.P. 339, CH-1224 Chêne-Bougeries, Genève
Tél.: (41.22) 349-7963 Télécopieur: (11.22) 349-2423

DISTRIBUTEURS EXCLUSIFS:

- Pour le Canada et les États-Unis:
  LES MESSAGERIES ADP*
  955, rue Amherst, Montréal H2L 3K4
  Tél.: (514) 523-1182
  Télécopieur: (514) 939-0406
  * Filiale de Sogides ltée
- Pour la Belgique et le Luxembourg:
  PRESSES DE BELGIQUE S.A.
  Boulevard de l'Europe 117
  B-1301 Wavre
  Tél.: (10) 41-59-66
  (10) 41-78-50
  Télécopieur: (10) 41-20-24
- Pour la Suisse:
  TRANSAT S.A.
  Route des Jeunes, 4 Ter
  C.P. 125
  1211 Genève 26
  Tél.: (41-22) 342-77-40
  Télécopieur: (41-22) 343-46-46
- Pour la France et les autres pays:
  INTER FORUM
  Immeuble ORSUD, 3-5, avenue Galliéni,
  94251 Gentilly Cédex
  Tél.: (1) 47.40.66.07
  Télécopieur: (1) 47.40.63.66
  Commandes: Tél.: (16) 38.32.71.00
  Télécopieur: (16) 38.32.71.28
  Télex: 780372

Linda Adams

COMMUNICATION EFFICACE

Pour des relations sans perdant

Préface de Béatrice Bellisa

Traduit de l'américain
par
Jacques Lalanne

avec la collaboration de
Estelle Litalien
et Colette Hériard-Dubreuilh

le jour, éditeur

actualisation

Données de catalogage avant publication (Canada)

Adams, Linda

Communication efficace: pour des relations sans perdant

(Actualisation)
Traduction de: Be Your Best.
Comprend des réf. bibliogr.

ISBN 2-8904-4492-9

1. Assertivité. 2. Communication interpersonnelle.
3. Relations humaines. 4. Réalisation de soi (Psychologie).
I. Titre. II. Collection.

BF575.A85A3214 1993 158'.2 C93-096588-4

L'ouvrage original américain a été publié par Perigee Books,
une division de The Putnam Publishing Group
sous le titre *Be Your Best*
(ISBN: 0-399-51563-1)

Dépôt légal: 2e trimestre 1993
Bibliothèque nationale du Québec

ISBN 2-8904-4492-9

À mes parents, Dorothy et Robert,
à mon mari, Tom,
et à ma fille, Michèle.

Préface

Communication efficace *pave la voie à l'efficacité personnelle dans sa vie et à l'efficacité interpersonnelle dans ses relations.*

Depuis 1977, j'anime en France des stages sur la célèbre méthode Gordon, auxquels ont participé des gens de toutes les professions et de tous les milieux. L'apprentissage de cette méthode de communication et de résolution des conflits a apporté des améliorations remarquables dans leurs relations familiales, sociales et professionnelles.

Ce livre reprend les points essentiels de la méthode Gordon pour des relations sans perdant, décrite dans Parents efficaces, Enseignants efficaces, Cadres et dirigeants efficaces, *et va plus loin. Il décrit comment établir des relations harmonieuses sans rapport de force par des procédés uniques, clairs, concrets et simples à comprendre.*

Dans cet ouvrage, qui s'adresse à tous, l'auteur met l'accent sur l'importance d'identifier ses vrais besoins et ceux de l'autre et de les communiquer dans le respect de soi et de l'autre.

Elle y explique comment s'exprimer et s'affirmer, comment développer la confiance en soi et comment utiliser l'anxiété positivement.

On y apprend à résoudre autant les conflits internes que ceux qu'on vit avec les autres.

Pour réussir à mieux satisfaire ses besoins, l'auteur indique l'importance de les rendre d'abord clairs pour soi, puis de se fixer des objectifs personnels et enfin de réaliser ses projets.

Lorsqu'on aboutit à un conflit avec d'autres personnes, on fait appel à une série d'étapes pour trouver une solution mutuellement acceptable.

Ce livre traite des sujets essentiels au bien-être personnel et aux relations interpersonnelles. Il offre un guide simple et facile à suivre grâce à sa méthode claire et précise.

Béatrice Bellisa
Responsable
Formation Gordon France

Introduction

Les concepts, les méthodes et les procédés décrits dans ce livre ont été expérimentés et continuellement raffinés dans nos diverses formations, données depuis plus d'un quart de siècle à plus d'un million et demi de personnes, dans 38 pays et en 22 langues.

Chacune de nos formations a été conçue pour former un groupe spécifique de gens. Nous avons commencé en 1962 lors du lancement de «Parents efficaces» et nous avons poursuivi avec «Enseignants efficaces», «Cadres et dirigeants efficaces», «Jeunes efficaces» et «Relations synergiques avec la clientèle».

Selon de nombreux participants, nous aurions pu intituler ces formations «Personnes efficaces». En effet, chacun de ces cours était fondé sur une méthode commune et un ensemble de procédés applicables à toute relation interpersonnelle. En fait, dans la plupart des pays européens, nos formations sont connues et offertes par les moniteurs sous l'appellation «méthode Gordon».

Cette reconnaissance que la «méthode Gordon» est universelle et s'applique à toutes les relations nous a amenés à élaborer un cours général. Conçue par Linda Adams, cette nouvelle formation permet d'offrir un ensemble de procédés éprouvés à *toute personne* qui veut améliorer et enrichir *toutes ses relations,* dans sa famille, à son travail et dans sa vie sociale.

Ce livre contient tout ce qui est enseigné dans la formation «Communication efficace» d'une durée de trente heures. Il décrit le même système dont le succès a été démontré à travers le monde dans des familles, des organisations, de grandes entreprises, des écoles publiques et privées, des hôpitaux, des agences gouvernementales, etc. Nous enseignons le même système dans «Parents efficaces», un cours évalué par plus de 60 recherches différentes.

Les lecteurs découvriront des façons nouvelles et plus efficaces pour prendre leur propre vie en main, satisfaire leurs besoins sans brimer ceux des autres, prévenir nombre de malentendus, devenir de meilleurs agents d'aide et consolider leurs relations intimes.

Finalement, les lecteurs apprendront à résoudre les conflits dans leurs relations en utilisant les six étapes de notre méthode pour trouver des solutions sans perdant (ou gagnant-gagnant). Lorsque les gens appliquent cette méthode éprouvée, je suis convaincu que non seulement ils en récoltent des bénéfices inattendus, mais ils contribuent à faire de la paix dans le monde une réalité. En effet, ce n'est que lorsque les gens apprendront à utiliser les méthodes pacifiques de résolution des conflits dans leur vie qu'on pourra espérer que la paix puisse s'installer entre les nations.

Comme disait le directeur de l'Académie de la Paix, Milton Mapes: «Tout à coup, les connaissances et la sagesse provenant de nos sciences sociales et de nos sciences humaines se condensent dans un nouveau champ de gestion non violente et pacifique des conflits... voilà un nouvel espoir.»

À mon avis, ce livre ajoute à ce nouvel espoir.

Dr THOMAS GORDON

Chapitre premier

Devenir une personne plus efficace

Si je ne vis pas pour moi, qui le fera à ma place?
Si je ne vis que pour moi, que suis-je?
Si ce n'est maintenant, quand?

Le Talmud babylonien

Au début de ce siècle, en se tournant vers le passé ou vers l'avenir, on aurait eu de la difficulté à se considérer comme une personne à part entière. On n'entrevoyait pas de différences notables entre sa vie, celle de ses parents et de ses grands-parents et on s'attendait à ce que ses enfants suivent la même voie.

Les choix limités qui s'offraient aux femmes rendaient pratiquement leur vie tracée à l'avance. Peu importe les différences de compétences, d'intérêts ou d'aspirations, la plupart des femmes suivaient une voie prédéterminée de l'enfance à la vieillesse.

Quelques femmes exceptionnelles, telles Margaret Mead ou Marie Curie, sortaient parfois des sentiers battus pour s'élancer sur une voie nouvelle, inhabituelle, souvent considérée comme déplacée pour une femme. Mais pour la plupart, les femmes vivaient comme les autres femmes avant elles avaient toujours vécu. Leur vie se définissait par leurs relations avec les autres. Et il en est encore ainsi pour plusieurs aujourd'hui.

Se définir d'abord par ses relations avec les autres empêche de développer une vision claire de sa propre identité, de penser sérieusement au genre de personne qu'on aimerait devenir et de développer son potentiel.

Pour les hommes, le conditionnement social est différent, mais demeure normatif et rigide. On a enseigné aux femmes à être aimables, aidantes et passives, à materner et à se sacrifier. Et on a appris aux hommes que pour être virils il leur faut cacher leurs sentiments, être agressifs, compétitifs et surtout être de bons pourvoyeurs. Comme on l'a constaté au cours de la dernière décennie, les hommes sont aussi fortement restreints par leur conditionnement. Souvent, ils ne se sentent pas libres d'exprimer leurs pensées et leurs sentiments et en particulier leurs peurs parce qu'ils ne veulent pas paraître faibles. De nombreuses recherches indiquent très clairement que la façon dont plusieurs hommes vivent ne leur apporte ni la satisfaction, ni l'épanouissement, ni la santé. Ils meurent plus jeunes, se suicident en plus grand nombre et ont une plus forte tendance à abuser de l'alcool et des drogues. Plusieurs ont des problèmes à établir des relations intimes avec leur conjointe et avec leurs enfants et d'autres se sentent piégés dans des emplois qu'ils n'aiment pas, mais qu'ils ont l'impression de devoir conserver.

Aujourd'hui, grâce à l'évolution de la société, on sait de quoi on veut se libérer.

Les femmes veulent se libérer de leur dépendance à l'endroit des autres, du contrôle de leur vie par les autres, des limites imposées à leurs aspirations et ne veulent plus être traitées comme des citoyennes de seconde classe à la fois politiquement et socialement.

Les hommes ont senti le besoin de se libérer de diverses pressions: gagner leur vie, réussir, éprouver continuellement la nécessité de faire leurs preuves et de confirmer leur virilité, de cacher leurs sentiments et leurs peurs.

Voici comment un homme décrit son expérience:

«Sauf pour quelques vacances et de brèves périodes de chômage, je suis allé travailler à chaque jour pendant quarante-cinq ans pour subvenir à mes besoins et à ceux de ma famille, qui s'est agrandie et réduite au cours des années. C'était important et satisfaisant pour moi d'apporter cette contribution et de mener une vie productive. Mais quelquefois je sentais une envie presque désespérée de pouvoir me reposer sur quelqu'un qui pourvoirait à mes besoins pour un moment, pour me donner la liberté de décrocher, de jouer, de poursuivre d'autres activités pour un moment et d'être libéré de l'obligation constante et incessante de pourvoir et de fournir tout l'argent pour tout.»

Maintenant, on bénéficie d'une liberté nouvelle; on peut décider de sa vie et choisir ce qu'on veut être. Cela peut être exaltant mais aussi angoissant. Il est angoissant, en effet, d'avoir à choisir et à assumer ensuite la responsabilité de ses décisions. Mais le fait même de choisir et de prendre la situation en main permet de garder le contact avec soi-même et donne une identité véritable. C'est ainsi qu'on prend la responsabilité de sa vie et qu'on atteint les buts qu'on considère comme importants pour soi.

Ce livre présente une philosophie et un ensemble de procédés pour atteindre cet objectif tout en conservant des relations satisfaisantes et équilibrées avec les autres. Tout au long de cet ouvrage, on apprend que:

- on peut prendre sa vie en main;
- on peut satisfaire ses besoins, tout en respectant ceux des autres;
- on peut éviter certains problèmes et certains conflits en s'affirmant;
- on peut confronter les autres de façon sensible et efficace quand leur comportement nuit à la satisfaction de ses besoins;

- on peut maîtriser l'anxiété qu'on éprouve à être plus ouvert et plus direct;
- on peut résoudre les conflits sans nuire à ses relations;
- on peut traiter efficacement les conflits de valeurs;
- on peut écouter efficacement une personne qui a un problème;
- on peut se fixer des buts et dresser des plans pour les atteindre.

Prendre sa vie en main et assumer pleinement ses responsabilités, afin de satisfaire ses besoins, est un premier pas essentiel pour devenir efficace, surtout pour les femmes qui ont consacré temps et énergie à se concentrer sur les besoins des autres.

Le chapitre 2 présente quelques procédés pour mieux contrôler sa vie, en devenant plus conscient de ses besoins et de ses désirs et en décidant d'exercer sa liberté pour examiner, choisir et appliquer soigneusement des décisions qui aident à satisfaire ses propres besoins.

Après avoir établi ses besoins, ses désirs, ses valeurs et ses buts, on peut commencer à travailler à les satisfaire. C'est une démarche importante pour prendre sa vie en main; et pourtant, c'est souvent une transition difficile.

C'est difficile pour l'homme dont l'identité a été reliée à son travail ou à la quantité d'argent qu'il gagne. Se voyant comme le principal soutien de la famille, ayant toujours joué ce rôle, il trouve difficile d'imaginer occuper un emploi plus satisfaisant, mais qui ne payerait pas aussi bien, ou bien de discuter avec sa conjointe de la possibilité qu'elle apporte une contribution financière plus substantielle.

Transition difficile aussi pour la femme qui a, depuis toujours, fondé son identité sur son rôle d'épouse et de mère. Habituée et destinée, lui semble-t-il, à répondre aux besoins des autres, elle a de la difficulté à affirmer ses propres besoins. Elle peut même se sentir coupable de distinguer ses besoins et ses désirs de ceux de sa famille. «Cela semble égoïste et non féminin», commentent souvent les femmes qui envisagent, pour la première fois, de se prendre en main et de contrôler leur vie.

S'affirmer, voilà un autre procédé enseigné dans la formation «Communication efficace» pour développer son autonomie et son sens des responsabilités. S'affirmer signifie communiquer de façon claire, honnête et authentique ses sentiments sans oublier le respect de l'autre.

Prendre sa vie en main ne signifie pas s'isoler ni s'éloigner des autres. Chacun, à des degrés divers, dépend de ses relations avec les autres pour la satisfaction de ses besoins; entre autres, pour l'amour, l'amitié, le plaisir, l'épanouissement sexuel et le soutien.

Dans les chapitres suivants, nous verrons à quel point l'expression sincère, honnête et directe de nos opinions et de nos valeurs personnelles peut favoriser nos relations avec les autres. Nous expliquerons également comment arriver à ce résultat sans rabaisser les autres.

Autre effet important: en explorant ses besoins et ses désirs, on peut aussi se rendre compte à quel point on consacre son temps à satisfaire les besoins des autres ou à faire des choses qu'on ne veut pas faire. Bien qu'il soit évidemment préférable de vivre dans un climat de coopération, quelquefois on crée un déséquilibre entre ce qu'on fait pour les autres et ce qu'on fait pour soi-même. Si on trouve difficile de dire «non», on trouvera avantageux de commencer à utiliser le message «je» de réaction. Ce procédé de communication démontre clairement à l'autre que sa demande est inacceptable.

Pour prévenir certains conflits désagréables et souvent inutiles, on offre le message «je» de prévention. Ce procédé aide à communiquer ses besoins futurs, en particulier lorsque ses besoins et ses désirs affectent les autres. Après chaque message «je», on propose de passer à une attitude d'écoute au moindre signe d'embarras qu'on perçoit chez ses interlocuteurs.

Dans ses relations avec les autres — ses enfants, son conjoint, ses amis, ses parents, ses collègues de travail, son superviseur —, il est inévitable que le comportement de ces personnes, qui tentent elles aussi de satisfaire leurs besoins, nuise à certains de ses propres besoins les plus légitimes. Par exemple: on est effrayé de la façon dont son conjoint conduit; on déteste les critiques dévalorisantes et fréquentes de sa mère; on a besoin d'un rapport qu'un collègue de travail avait promis de remettre il y a une semaine; le patron nous donne des tâches à exécuter si tard dans la journée qu'on rate l'autobus pour revenir chez soi.

Que fait-on dans de telles circonstances? On garde ses sentiments négatifs pour soi et on en éprouve de la rancœur? On reproche aux autres leur manque de prévenance et de considération? Aucun de ces choix n'est très efficace. Cependant, il existe une autre approche possible; on peut prendre l'initiative de confronter l'autre personne avec suffisamment de sensibilité pour ne pas nuire à la relation.

Dans le chapitre 8, ce procédé sera expliqué en détail et illustré. Ce procédé s'appelle le message «je» de confrontation, une forme plus vigoureuse d'affirmation de soi.

L'idée de s'affirmer amène souvent un degré élevé d'anxiété. On se demande: «Est-ce que j'ai le droit de manifester mes besoins? Comment les autres vont-ils réagir? Vont-ils me détester? Seront-ils sur la défensive? Vont-ils me trouver égoïste?»

Dans le chapitre 9, nous verrons comment maîtriser cette anxiété lorsqu'on veut s'affirmer franchement.

Le conflit est une conséquence inévitable des contacts avec les gens, dans la vie privée et au travail. L'autre veut une chose, on en désire une autre, et alors les volontés s'affrontent. Qui gagnera? Si on gagne aux dépens de l'autre, il en sera froissé et furieux. Si on perd, on sera soi-même frustré et furieux. Dans les deux cas, la relation en souffrira.

Au chapitre 11, nous décrivons la méthode pour résoudre les conflits interpersonnels sans perdant. Ce procédé de résolution de problèmes en six étapes permet de trouver des solutions acceptables pour chacun. Ainsi, personne ne se sent perdant ni gagnant. Dès lors, chacun éprouve moins de ressentiment et une plus haute motivation à appliquer la solution, et recourt moins aux luttes de pouvoir.

Le chapitre sur les collisions de valeurs peut aider à cerner ces dernières et à comprendre toute l'importance qu'elles revêtent dans les relations interpersonnelles. On y apprend certaines façons de résoudre les problèmes reliés à des valeurs et certains procédés efficaces visant à inciter les autres à les changer.

Dans le chapitre 13, l'attention se tourne dans une tout autre direction. Sont délaissés les procédés destinés à résoudre les problèmes, c'est-à-dire les situations où on joue un rôle actif, où on confronte les autres et où on s'engage, et on les amène à s'engager, à résoudre un conflit et les situations où on agit comme consultant. Dans toutes les relations humaines, on rencontre aussi des situations où l'autre personne est préoccupée, blessée, frustrée, bouleversée, déprimée, sans qu'on y soit pour rien. L'autre éprouve un problème dans sa propre vie. Pour établir des relations mutuellement satisfaisantes, on a besoin d'être disposé à prêter une oreille attentive, à agir comme confident ou agent d'aide pour permettre à l'autre de trouver ses propres solutions à ses problèmes. Souvent, cependant, au lieu d'écouter, on impose son avis ou ses solutions, on prêche, on fait la morale, on interrompt la communication par des questions, des jugements de valeur ou des propos rassurants.

Dans ce chapitre sont décrits et illustrés des procédés qui permettent de devenir un «agent d'aide» plus efficace pour les gens avec qui on vit. Avec la pratique, on découvre que ces procédés donnent de bons résultats, pourvu qu'on se sente suffisamment bien dans sa peau pour consacrer son temps et son attention à l'autre lorsqu'il ne se sent pas très bien face à lui-même.

Enfin, au chapitre 14, nous exposons un certain nombre de suggestions et de procédés utiles pour planifier la satisfaction de ses besoins. Il est plus facile de se fixer des buts et d'en planifier la réalisation si on les regroupe par catégories et si on emploie une méthode précise de planification pour les atteindre. Pour ce faire, nous proposons une approche structurée qui permet de distinguer les buts à court et à long terme et un procédé en six étapes pour les planifier et les atteindre.

Mais on ne devient pas plus efficace dans sa vie personnelle et dans ses relations interpersonnelles du jour au lendemain. D'ailleurs, en ce domaine, on n'est jamais arrivé à sa destination finale; on ne devient jamais totalement efficace. Développer sa compétence à résoudre ses problèmes personnels et à établir ses buts, créer et maintenir des relations satisfaisantes et enrichissantes est un processus où on reste constamment en progrès.

Une participante à la formation «Communication efficace» décrit son évolution de la façon suivante:

> «Ce cours m'a rendue plus consciente de moi-même et de la façon dont je réagis aux différentes situations dans ma vie quotidienne. Je suis plus consciente de mes besoins et de l'importance pour moi d'exprimer ce que je pense et ce que je ressens. D'autre part, je me sens mieux dans ma peau et je suis plus satisfaite. Je crois que je m'attendais à changer radicalement grâce à ce cours, mais il est difficile de développer de nouvelles façons d'entrer en relation avec les autres et une nouvelle façon de penser. Je me rends compte que cela prend du temps de changer. Pour maîtriser ces procédés, on doit en faire l'apprentissage et les employer régulièrement. J'ai un long chemin à faire, mais cette formation m'a donné un éclairage, des procédés et une meilleure compréhension de moi-même.»

Un autre participant relate son expérience:

> «J'ai une petite entreprise d'imprimerie. J'ai fait affaire avec le public toute ma vie et je pensais que mes capacités de communication étaient passablement bonnes. Après avoir participé au programme de «Communication efficace», je me rends compte que j'étais très faible en écoute et que je n'étais pas très efficace pour résoudre des conflits. Maintenant, même ma femme et mes enfants ont noté une différence. Je me sens tout simplement un être humain plus complet!»

CHAPITRE 2

Prendre davantage sa vie en main

Se connaître est le premier des devoirs.

LA FONTAINE, *Fables*

Prendre sa vie en main est l'un des objectifs fondamentaux de cette formation. Dans ce contexte, cela signifie qu'on peut agir activement pour satisfaire ses besoins, prendre des décisions et passer à l'action pour atteindre ses objectifs, surtout lorsque ses désirs ne dépendent ni de la coopération ni de la participation d'autres personnes.

Sa «marge de liberté»

Évidemment, on n'a pas et on ne peut avoir une maîtrise absolue de sa vie. La marge de liberté personnelle comprend des décisions unilatérales et indépendantes, celles qui ne dépendent pas de la coopération ni de la participation d'une autre personne. On est libre d'examiner, de choisir et d'appliquer des solutions pour satisfaire ses besoins personnels. La marge de liberté comprend des décisions telles que:

- changer de convictions sur un sujet particulier;
- apprendre une nouvelle technique;
- consacrer plus de temps à la détente et aux loisirs;
- décider de ce qu'on lit, de la musique qu'on désire écouter;
- chercher un meilleur emploi;
- appartenir à un groupe religieux ou à un parti politique;
- choisir l'activité physique à laquelle on veut s'adonner;
- choisir le médecin (et autres professionnels) qu'on désire consulter.

Dans beaucoup de cas cependant, non seulement on dépend, dans une certaine mesure, de la coopération des autres, mais ceux-ci sont également affectés par toute décision qu'on prend. On retrouve donc sa marge de liberté restreinte d'autant. En outre, ces personnes voudront probablement participer à l'étude, à la sélection et à l'application des décisions. Voici quelques exemples de telles situations:

- quitter son emploi;
- changer les projets de vacances de sa famille;
- réaménager le bureau qu'on partage avec un collègue;
- organiser une fête à la maison;
- investir les économies familiales dans des biens immobiliers;
- déménager dans une autre ville avec sa famille;
- augmenter son salaire;
- adopter un enfant.

C'est la marge de liberté dont on bénéficie qui détermine la différence essentielle entre ces deux catégories de situations. Évidemment, ces situations varient d'une personne à une autre et d'une relation à une autre. On jouit probablement d'une marge de liberté variable dans ses rapports avec son conjoint, ses enfants, ses parents, ses amis, son patron. Cette marge peut être très grande avec son conjoint et beaucoup plus étroite avec son patron, ou l'inverse. Et si on vit seul, on dispose évidemment d'une marge de liberté beaucoup plus étendue que si on habite avec d'autres personnes.

Voici quelques exemples de décisions qui, idéalement, pourraient se situer dans la première liste mais qu'on range souvent dans la seconde: appartenir à un parti politique ou rechercher un emploi plus satisfaisant. Bien souvent, la peur de provoquer un conflit ou la crainte d'empiéter sur le temps qu'on croit devoir consacrer aux autres a incité tant des femmes que des hommes à limiter leurs initiatives.

Bien qu'on accepte les nombreuses limites réelles restreignant la prise en charge totale de sa vie, on peut assumer une part bien plus grande de responsabilité personnelle pour satisfaire un plus grand nombre de ses besoins.

On essaie, dans cet ouvrage, de transformer l'idée très répandue qu'on n'a aucun contrôle sur les événements de sa vie. Les hommes, tout comme les femmes, éprouvent ce sentiment, quoique différemment.

En tant qu'homme, on ressent un manque de contrôle sur sa vie; on pense qu'on n'a pas d'autre choix que d'avoir un bon travail et d'être pourvoyeur toute sa vie. Et, parce qu'on a appris à ne pas exprimer ses sentiments, on cache souvent son anxiété et ses peurs, à soi-même comme aux autres.

En tant que femme, on a généralement appris à dépendre des autres: parents, patrons, mari et même enfants. On a appris à ne pas rechercher activement la satisfaction de ses besoins. On en est venue à croire que son épanouissement, sa réussite passent par la satisfaction des besoins des autres. Dans ce rôle, on *répond* aux besoins des autres plutôt que d'*agir* pour satisfaire les siens propres.

Il n'est guère étonnant que tant de gens se sentent si peu en mesure de prendre leur vie en main.

On a éventuellement compris que répondre aux besoins des autres ne suffit pas à assurer son épanouissement personnel, et on commence donc à assumer davantage ses responsabilités envers soi-même. Grâce aux procédés présentés dans ce livre, on pourra assumer plus de responsabilités et mieux satisfaire ses besoins importants.

Bénéfices de prendre davantage sa vie en main

On doit souvent faire preuve de courage pour satisfaire ses besoins, pour abandonner l'habitude sécurisante de laisser les autres satisfaire plusieurs de ses besoins et prendre des décisions, car on ne connaît pas alors les avantages à assumer la responsabilité de sa vie. Outre le bénéfice évident de satisfaire un plus grand nombre de ses besoins, à mesure qu'on développe le courage et la confiance d'agir pour son propre intérêt, on récolte plusieurs avantages importants tels que:

- on accroît sa confiance en soi, et ce à chaque nouvelle initiative;
- on fait plus confiance à son jugement;
- on a moins besoin de l'approbation des autres;
- on dépend moins des autres pour reconnaître sa propre valeur, puisqu'on la découvre dans ses réalisations personnelles;
- on devient moins dépendant des jugements positifs des autres;
- on éprouve moins souvent des sentiments de colère, d'anxiété et de découragement parce qu'on réussit à s'affirmer d'une manière authentique et spontanée;
- on ressent moins d'agressivité et de rancœur puisqu'on satisfait mieux ses besoins essentiels;
- on entretient avec les autres de meilleures relations, plus efficaces et plus satisfaisantes;
- en devenant soi-même responsable, autonome et actif, on se crée une vie plus satisfaisante.

Les témoignages de femmes et d'hommes ayant participé à notre formation illustrent ces avantages:

«Je sens maintenant que je peux choisir ce que je veux faire de ma vie et que ce choix dépend entièrement de moi. Je ne peux tenir personne d'autre responsable ni demander à qui que ce soit de prendre les décisions à ma place, ce que j'ai fait pendant longtemps. J'ai encore beaucoup de chemin à parcourir, mais, pour la première fois de ma vie, j'entrevois de la lumière à l'extrémité du tunnel.»

«Avant de suivre cette formation, je me sentais comme la servante de tout le monde. Maintenant, grâce aux procédés que j'ai appris, je n'ai plus cette impression. Je comprends enfin que mes pensées et mes sentiments, que je gardais pour moi, sont importants. J'ai le droit d'exprimer mes besoins et de les voir respectés. J'ai aussi appris que, bien que les autres aient des besoins et que je doive également les respecter, je n'ai pas pour autant à m'oublier pour les laisser agir à leur guise. Je sais qu'il existe une façon qui permet à chacun de nous de "gagner". Je m'apprécie davantage comme personne. J'ai appris à m'estimer car je ne me surprends plus à penser "Pourquoi n'ai-je rien dit quand j'en avais l'occasion?" Me voilà en possession de techniques que j'ai l'intention d'appliquer toute ma vie.»

«Si j'avais à refaire ma vie, je recommencerais par ce cours et par "Parents efficaces". Depuis des années, je cherchais un cours qui réponde à mes besoins et à ceux de mon entourage. Au début, je sentais que j'avais peu de prise sur ma vie. Ce cours a joué un rôle majeur car j'y ai acquis des procédés qui me permettent de prendre ma vie en main de façon efficace, satisfaisante et permanente.»

«Le cours m'a aidé à identifier mon style de relations, qui consiste à laisser les situations me mener plus que je ne le souhaiterais. J'y ai découvert que je peux prendre ma vie en main; et je le fais en planifiant chaque situation pour l'heure, le jour, l'année en cours. J'y ai appris plusieurs procédés pour atteindre ces objectifs; certains étaient nouveaux et d'autres, qui m'étaient familiers, me sont devenus plus clairs.»

Décider de devenir responsable vis-à-vis de soi-même exige souvent des changements d'attitudes. Cela peut devenir passionnant, constituer une stimulation; cela peut aussi se révéler angoissant. On se rend compte qu'on est finalement seul responsable de ses actes et de ses décisions et qu'on doit se fier sur soi-même pour découvrir et satisfaire ses besoins essentiels. Une façon sans doute éclairante de concevoir sa situation consiste à se rappeler qu'on a toujours eu sa vie en main. Jusqu'ici, on a choisi de se prendre en main d'une certaine façon; on choisira maintenant différemment.

Prendre sa vie en main

Exercice

Pour évaluer à quel point on prend en main certains aspects essentiels de sa vie, voici des questions sur lesquelles on peut réfléchir en se demandant jusqu'à quel point on se prend vraiment en main (et non pas à quel point on aimerait le faire).

Mon corps

Mon corps est-il important pour moi?
Jusqu'à quel point je prends mon corps en main?
Est-ce que je prends en main:
- mon apparence?
- la manière dont mon corps fonctionne?
- mon alimentation?
- mes activités physiques?
- le choix de mon médecin?
- mon temps de repos?

Est-ce que je souhaite devenir plus responsable de mon corps?
Si oui, comment pourrais-je y arriver?

Mon argent

L'argent (et ce qu'il peut procurer) est-il important pour moi?
Jusqu'à quel point je prends en main ma situation financière?
Est-ce que je prends en main:
- le fait d'en gagner ou non?

- le montant que je gagne?
- ma façon de le dépenser?

Est-ce que je souhaite devenir plus responsable de mon argent et de son utilisation?
Si oui, comment pourrais-je y arriver?

Mon travail
Mon travail est-il important pour moi?
Jusqu'à quel point je prends mon travail en main?
Est-ce que je prends en main:

- le type de travail que je fais?
- la quantité de travail que je produis?
- le lieu de mon travail?

Est-ce que je souhaite devenir plus responsable de mon travail?
Si oui, comment pourrais-je y arriver?

Mon temps
Mon temps est-il important pour moi?
Jusqu'à quel point est-ce que je planifie mon temps?
Est-ce que je prends en main:

- la manière dont je dispose de mon temps?
- mon temps libre?
- ceux avec qui je le passe?
- le temps que je passe seul ou seule?

Est-ce que je souhaite devenir plus responsable de mon temps?
Si oui, comment pourrais-je y arriver?

Ma vie
Ma vie est-elle importante pour moi?
Jusqu'à quel point je prends ma vie en main?
Est-ce que je prends en main:

- ma façon de vivre actuelle?
- mes relations sociales?
- mes relations intimes?
- mes plans et objectifs futurs?
- mon lieu de résidence?

Est-ce que je souhaite devenir plus responsable de ma vie?
Si oui, comment pourrais-je y arriver?

Note

Si, dans l'un de ces domaines, la façon dont je me prends en main ne me satisfait pas, j'ai intérêt à me demander:
- Qu'est-ce qui m'empêche de me prendre davantage en main?
- Est-ce que je peux y changer quelque chose?
  Si non, pourquoi?
  Si oui, comment?

Pour prendre sa vie en main: prendre conscience de ses besoins et de ses désirs

La première étape à franchir pour devenir plus responsable de sa vie consiste à prendre conscience de ses besoins et de ses désirs. Bien qu'il semble évident qu'on connaisse ses besoins et ses désirs, mieux vaut ne pas le tenir pour acquis. Les femmes, en particulier, ont été habituées à se dévouer entièrement aux autres, à jouer le rôle de «nourricières», à donner généreusement à leurs enfants, à leur famille, à leurs patrons. Après des années d'un tel dévouement, elles peuvent trouver difficile, voire impossible, de penser positivement à leurs propres besoins. Plusieurs femmes disent:

> «J'ai toujours essayé de faire plaisir à mon mari et à mes enfants. Je n'ai jamais beaucoup pensé à moi.»

> «On m'a enseigné que prendre du temps pour moi et faire ce que je veux était égoïste, alors je me sens coupable quand je le fais.»

Les hommes aussi ne sont pas toujours conscients de leurs vrais besoins. Parce que l'idée de devoir travailler pendant toute leur vie adulte leur a été inculquée, bon nombre se retrouvent accaparés par leur carrière ou simplement par le besoin de faire assez d'argent. Alors ils ne prennent pas le temps de réfléchir à ce qu'ils veulent faire de leur vie; plusieurs pensent qu'ils n'ont pas d'autre choix. Voici les commentaires de certains d'entre eux:

«J'ai toujours présumé que je devais être le pourvoyeur de la famille. Mon grand-père l'avait fait, mon père l'avait fait à son tour. C'était évident.»

«Très tôt dans ma vie, j'ai senti que je devais trouver un métier, quelque chose qui correspondait à mes compétences, parce que je voulais me marier et que c'était la seule façon d'y arriver.»

Savoir qu'on a le droit de satisfaire ses besoins fondamentaux, voilà une première étape essentielle pour y arriver. Cette démarche, qui permet de prendre conscience de ses besoins les plus importants, demande souvent qu'on élimine les exigences qu'impose la société. C'est un exercice profondément satisfaisant et il constitue un premier pas déterminant vers une plus grande efficacité.

On a avantage à commencer par réviser sa vie avec précision: revoir comment on occupe ses journées, ce qu'on désire vivement, ce qu'on aime et déteste et ce qu'on souhaiterait changer.

Examiner ce qu'on fait de son temps, à chaque jour, et les satisfactions et insatisfactions qu'on en retire peut aider à distinguer les besoins comblés de ceux qui ne le sont pas. On fera des découvertes intéressantes si on note précisément, et pendant plusieurs jours, à quoi on consacre son temps.

Par exemple:

7 h	Réveillé, pris une douche, habillé, fait le lit.
7 h 30	Fait le café, nourri et sorti le chien, préparé le petit déjeuner.
7 h 45	Pris le petit déjeuner, lu le journal.
8 h 15	Débarrassé la table, nettoyé la cuisine, fait quelques appels.
8 h 30	Déposé ma fille à l'école, posté des lettres, pris de l'essence.
9 h	Assisté à la réunion...

Cet exercice peut conduire à des découvertes intéressantes sur les activités auxquelles on consacre réellement son temps et aider à identifier certains de ses besoins auxquels on n'a peut-être pas encore réfléchi ou pour lesquels on n'a pas encore agi. C'est la première étape pour opérer certains changements de façon à satisfaire un plus grand nombre de ses besoins essentiels.

Penser à ses besoins et aux changements qu'on aimerait effectuer requiert plus ou moins de temps et d'énergie selon l'attention qu'on a déjà accordée à ce sujet et le degré d'engagement qu'on veut y mettre maintenant. On peut se découvrir des besoins qui n'impliquent que de légers changements dans sa vie; ou des besoins très importants qui affectent ses relations avec les autres.

La nature et l'importance de ses besoins, ainsi que l'ampleur et le genre des changements souhaités, restent une affaire de choix personnel. Cet exercice permet de préciser les besoins et désirs qu'on veut satisfaire et de discerner ceux qu'on ne veut pas vraiment combler. Ce procédé permet aussi de satisfaire plus efficacement ses besoins personnels. Ces derniers peuvent être de différentes natures — affectif, psychologique, matériel, physique, récréatif et concerner de multiples aspects de la vie, comme:

- avoir plus de temps libre;
- obtenir un diplôme;
- trouver un meilleur travail;
- divorcer;
- apprendre une nouvelle technique;
- faire plus de sport;
- passer plus de temps avec ses enfants;
- trouver un travail plus lucratif;
- trouver un travail pour s'épanouir;
- ne pas avoir d'enfant;
- s'engager dans un groupe intéressant;
- se marier;

- avoir un enfant;
- voyager;
- avoir plus d'amis;
- améliorer ses relations avec ses parents.

Quels que soient ses besoins personnels, en dresser l'inventaire n'est que la première étape d'une longue évolution qui, heureusement, ne s'arrêtera jamais. À mesure qu'on développe sa confiance en ses capacités de mieux satisfaire ses besoins, seul ou en relation avec les autres, on s'engage dans de nouveaux défis, de nouvelles situations et de nouveaux problèmes où on continuera de découvrir, de cerner et d'évaluer ses besoins.

Par exemple, à une époque donnée de sa vie, on ressent le profond désir de compléter ses études et, à une autre période, d'avoir des enfants et de leur consacrer la majeure partie de son temps, ou, plus tard, de se réaliser sur le plan professionnel, ou, comme c'est de plus en plus souvent le cas, de chercher un travail pour gagner sa vie. On peut alors commencer à chercher un emploi et s'y préparer.

Quand on a cerné les besoins à satisfaire, on apprend ensuite à apporter des changements efficaces dans sa vie, surtout si ces derniers concernent d'autres personnes.

Un des moyens fondamentaux pour satisfaire ses besoins personnels et produire des changements consiste à s'affirmer.

CHAPITRE 3

S'affirmer efficacement

La spontanéité nous réforme et nous ramène à nous-mêmes. Libérés des systèmes de référence qui nous ont été transmis, la spontanéité devient le moment privilégié de liberté personnelle où nous sommes confrontés à une réalité, nous l'explorons et agissons en conséquence. C'est le temps de la découverte, de l'expérimentation, de l'expression créatrice.

VIOLA SPOLIN, *Improvisational Theater Games*

Savoir traduire en mots ses sentiments et ses pensées, les exprimer pour se connaître soi-même et oser se faire connaître des autres, voilà un procédé de communication efficace et passionnant. Une communication efficace repose en grande partie sur la valeur de l'affirmation de soi et sur l'importance qu'on lui accorde pour satisfaire davantage ses besoins. Avant d'en présenter les avantages et les risques, voici comment, habituellement, on communique aux autres ses besoins importants.

Communique-t-on d'ordinaire ouvertement et franchement avec les autres — sauf si, de façon intentionnelle et délibérée, on tente de les tromper? En fait, la communication claire et directe est plutôt inhabituelle. On a tendance à communiquer à travers son rôle social plutôt qu'à travers son vrai moi. Tout au long de sa vie, on est entraîné à dissimuler son vrai moi, ses pensées, ses sentiments, ses opinions. Depuis son plus jeune âge, on s'est fait inculquer qu'il y a des façons acceptables et d'autres inacceptables de se présenter à autrui et qu'on doit s'adapter aux façons acceptables. Lentement mais sûrement, on se construit une façade, un système de protection et de défense, derrière lequel on se cache sous des traits qui correspondent très peu à ce qu'on est vraiment.

En s'adaptant aux modèles acceptables enseignés, on adopte des styles de communication des plus caractéristiques; on est soit non affirmatif, soit agressif. On est rarement totalement non affirmatif ou totalement agressif; plus souvent, on alterne entre les deux. On a quelquefois tendance à rester non affirmatif jusqu'à ce qu'on ressente une profonde rancœur quand on voit une majorité de ses besoins insatisfaits; on devient alors très agressif. D'autres fois, on adopte un comportement agressif jusqu'à ce qu'on se sente si coupable qu'on en devient non affirmatif. Chaque attitude a des avantages, mais aussi de sérieux inconvénients qui deviennent évidents lorsqu'on approfondit la question.

Ce que signifie être non affirmatif

Le comportement non affirmatif consiste à ne pas exprimer ses sentiments, ses pensées, ses besoins, ses désirs et ses opinions et à ne pas agir de façon autonome pour satisfaire ses besoins importants.

Quand on est non affirmatif, on fait des efforts conscients pour éviter les conflits, même si on doit en souffrir. On réagit alors plus qu'on n'agit; on dépense beaucoup de temps et d'énergie à répondre aux paroles ou aux actes des autres plutôt que de prendre l'initiative de communiquer et d'agir de son propre chef. On fait alors passer ses besoins après ceux des autres. Quand quelqu'un se retrouve dans une telle position, les autres en profitent pour prendre, par exemple, les décisions à sa place, ignorer ses interventions, ou encore lui donner plus de travail.

La peur joue un rôle important dans les comportements non affirmatifs:

- peur de perdre dans un conflit; besoin de sauver la face;
- peur de la désapprobation ou du désaccord des autres; besoin d'être aimé et accepté à n'importe quel prix;
- peur d'être rejeté, ignoré ou de découvrir que les autres ne se soucient pas de ce qu'on pense ou de ce dont on a besoin;
- peur de perdre son emploi ou une promotion;
- peur de blesser ou de rejeter les autres.

Quand on est non affirmatif, on devient tellement envahi par l'anxiété qu'on n'ose même pas exprimer ses sentiments, ses idées et ses opinions les plus ordinaires. Et, quand on les exprime, on le fait alors d'une façon si effacée que les autres les sous-estiment ou les ignorent. On se sent alors fâché, frustré, irrité, et on passe ensuite beaucoup de temps et d'énergie à regretter de n'avoir pas dit ou fait quelque chose pour se manifester aux autres.

Comment savoir si on se comporte de façon non affirmative? Si on n'arrive pas à satisfaire ses besoins importants, si on ne se sent pas épanoui, si on n'atteint pas ses objectifs, ce peut être à cause d'un comportement non affirmatif. Rien de plus révélateur alors que ses sentiments persistants d'anxiété, d'insatisfaction, de rancœur ou de colère, surtout après une interaction avec quelqu'un. En voici quelques exemples:

> «Cette année, je souhaiterais très vivement participer à l'élaboration du budget familial, ce que je n'ai jamais fait par le passé. Je n'en parle aucunement à mon conjoint. Et quand je le vois en train d'y travailler, je me sens soudain bouleversée et anxieuse.»

«Au bureau, j'ai travaillé très dur l'année dernière et j'ai mis en place des méthodes pour accroître l'efficacité au sein de mon service. Bien que je souhaite une augmentation (et je crois que je la mérite), je n'en dis rien à mon patron. Je continue d'espérer qu'il m'en parlera. Il n'en fait rien et je me sens peu à peu frustré et non motivé.»

On adopte très souvent un tel comportement non affirmatif quand on occupe une position subalterne, quand on n'a pas développé le courage d'assumer la responsabilité de soi-même et de se prendre en main et quand on a appris à être gentil, poli et accommodant.

Ce que signifie être agressif

Être agressif, c'est parvenir à satisfaire ses besoins, mais aux dépens des autres; rester insensible et même carrément hostile aux sentiments, aux idées et aux besoins des autres. À l'encontre du style non affirmatif, quand on est agressif, on exprime ouvertement ses sentiments, ses opinions et ses besoins, mais d'une façon qui humilie, ignore ou blesse les autres. Quand on est extrêmement agressif, on sabote ou on détruit ses relations; on éprouve alors de plus en plus de difficulté à satisfaire ses besoins qui exigent la coopération des autres. Il existe un autre type de comportement agressif, moins évident mais bien plus courant: il s'agit de l'agressivité passive. On satisfait alors ses besoins en manipulant les autres, en les trompant, en sabotant les efforts qu'ils font pour satisfaire leurs besoins, en leur opposant une résistance silencieuse et opiniâtre.

On se rend compte qu'on adopte un comportement agressif quand on se sent coupable ou mal à l'aise. Plus important encore: on obtient des réactions négatives des autres, ils se fâchent ou s'irritent; on se fait mettre à l'écart, éviter ou rendre la monnaie de sa pièce; les autres répondent souvent à l'agressivité par de l'agressivité.

Par exemple, la conjointe qui désire participer à l'élaboration du budget dirait à son conjoint, selon le style agressif:

«J'exige d'avoir mon mot à dire dans notre budget, j'en ai assez d'être exclue.»

La personne qui désire une augmentation de salaire dirait à son patron:

«Si vous ne m'augmentez pas, je cherche un autre emploi.»

Ce que signifie être affirmatif

Être affirmatif, c'est connaître ses besoins et ses désirs, les exprimer clairement aux autres, s'appliquer à les satisfaire de sa propre initiative, tout en témoignant du respect aux autres.

Surtout, quand on s'affirme, on communique franchement; on exprime ses sentiments, ses besoins et ses idées et on fait valoir ses droits, mais sans violer les droits ni ignorer les besoins d'autrui. On est alors authentique, cohérent, ouvert et direct. On est capable d'agir de sa propre initiative et on s'occupe à satisfaire ses besoins. On demande aux autres de l'information et de l'aide, au besoin.

En situation de conflit avec les autres, on est disposé à rechercher des solutions satisfaisantes pour les deux parties. On recherche la coopération des autres pour satisfaire ses besoins, et on est prêt à les aider à satisfaire les leurs.

On se rend compte qu'on adopte un comportement affirmatif quand on se sent moins anxieux et plus satisfait, quand on accroît son estime de soi et sa confiance en soi et quand on satisfait davantage ses besoins. De plus, on obtient plus de réponses positives, et certaines de nos relations deviennent plus satisfaisantes.

Dans le style affirmatif, on dit à son conjoint:

«J'aimerais bien participer à l'élaboration de notre budget, cette année. Et il y a certaines choses que je souhaite y inclure.»

De même, on est affirmatif si on déclare à son patron:

«J'aimerais beaucoup discuter d'une augmentation de mon salaire. J'ai l'impression d'avoir contribué beaucoup à améliorer notre service, cette année.»

Les avantages de s'affirmer efficacement

S'affirmer permet de rester en contact étroit avec soi-même, avec ses besoins, ses opinions, ses désirs; voilà l'avantage le plus important de l'affirmation. Communiquer une idée aux autres est totalement différent que de simplement y penser. L'acte de l'exprimer à voix haute la transforme. On a sûrement déjà vécu l'expérience: on tourne et retourne dans sa tête un problème particulier jusqu'à ce qu'il prenne des proportions démesurées et paraisse bien plus grave. On en imagine les conséquences et on se représente les réactions des autres. Plus tard, lorsqu'on décrit son problème à une autre personne, il apparaît sous un jour entièrement nouveau.

Par l'expérience de s'affirmer face aux autres, on parvient à se connaître à fond. On peut alors agir plus concrètement d'après ce qu'on ressent et, par cette démarche, on saisit davantage les occasions de développer sa personnalité dans des voies nouvelles et passionnantes. Cela peut devenir un processus intéressant de croissance et de changement.

S'affirmer régulièrement offre aussi l'avantage de permettre de vivre au présent. Savoir garder un contact étroit et constant avec soi-même aide à satisfaire ses besoins actuels.

Si on néglige de communiquer spontanément, on risque de vivre tourné vers le passé ou le futur, de lutter intérieurement pour maîtriser ses pensées, ses sentiments et ses besoins perturbateurs.

En outre, s'affirmer permet de satisfaire plus facilement ses besoins importants quand l'aide, ou la coopération des autres, devient nécessaire. Quand les autres connaissent nos besoins et nos désirs, ils sont plus en mesure et mieux disposés à coopérer pour aider à les satisfaire. On fait souvent l'erreur de croire que les autres nous connaissent si bien qu'il est inutile d'exprimer ce que l'on ressent. Si on s'abstient de communiquer ses besoins dans ses relations intimes, on peut provoquer des effets négatifs durables:

> «Je ne devrais pas avoir à lui confier ce que je ressens: s'il m'aimait vraiment, il le saurait.»

> «Nous vivons ensemble depuis vingt-cinq ans; elle savait pourtant combien cela me tenait à cœur, et elle n'a pas changé. Maintenant, il est trop tard, je n'y tiens plus.»

Quand on s'applique à exprimer ses besoins et ses désirs aux autres, on récolte des résultats intéressants, comme le confirment des participants à notre formation:

> «Mon mari a plus conscience de mes besoins et se préoccupe davantage de m'aider à les satisfaire. Il est aussi plus en mesure d'identifier ses propres besoins: il a découvert des choses qu'il voulait lui-même faire mais n'osait pas.»

> «Mon fils me visite plus souvent maintenant depuis que je lui ai exprimé ma tristesse de ne pas le voir.»

> «Mon patron reconnaît maintenant la tension que j'éprouve à cette succursale, il s'applique à me donner en priorité les tâches qu'il veut que j'accomplisse en premier et il semble planifier un peu mieux; ainsi, j'ai beaucoup moins de tâches urgentes.»

> «Récemment, j'ai écrit une lettre au journal local pour reconnaître et féliciter l'enseignant de ma fille de sept ans qui, selon mon avis sincère, mérite cette reconnaissance. Non seulement le journal a-t-il publié ma lettre, mais j'ai reçu une récompense des éditeurs pour avoir présenté une lettre exceptionnellement bien écrite. J'avais tout simplement rédigé un message "je" de révélation exprimant ce que je ressentais.»

«Ma compagne m'estime davantage depuis que je sais exprimer ce que je ressens vraiment plutôt que d'être toujours d'accord.»

Quand on s'exprime, on devient une personne plus intéressante. Les masques et les scénarios qu'on invente sont rarement aussi passionnants que son moi authentique. Lorsqu'on ne se préoccupe pas d'affirmer ses besoins, ses préférences et ses opinions, on renie son individualité. Les rencontres sont ternes et superficielles. On censure la passion de ses idées et de ses expériences.

S'affirmer a pour autre avantage très important de permettre de développer l'estime de soi. Quand on a le courage d'être franc et honnête avec les autres, et surtout en manifestant ses idées et ses convictions profondes, c'est étonnant à quel point on peut se sentir bien dans sa peau. On accroît sa confiance en soi; s'exprimer devient chaque fois plus facile, comme le confirment des participants à notre formation:

«Ce fut un tournant déterminant dans ma vie. Ces procédés m'ont donné un sens de puissance personnelle. J'ai cessé d'être victime des exigences des autres.»

«Il semble que les gens se sentent plus à l'aise avec moi depuis que je leur fais part avec plus de franchise de ce que je ressens dans les situations. Je trouvais plus facile de ne pas m'affirmer, d'être passif, et agressif-passif. Maintenant que j'ai conscience de mes sentiments, je suis plus content de moi et je suis plus à l'aise avec les autres.»

«Maintenant, quand je parle avec mon mari, je n'ai pas peur de dire ce que je ressens. Il m'écoute et puis nous en discutons.»

«J'ai maintenant l'impression d'être une véritable personne.»

«Je m'aime mieux.»

«J'ai davantage confiance en ma capacité de mener à bien un projet.»

Et de nombreuses expériences démontrent que l'affirmation de soi amène la réciproque. En effet, la disposition à s'exprimer incite les autres à suivre la même voie; ainsi on approfondit et on enrichit ses relations. On peut aussi éclaircir et éviter de nombreux malentendus. On voit diminuer ses frustrations et ses rancœurs. En se découvrant des intérêts communs ou nouveaux, on peut élargir l'éventail de ses amitiés et de ses activités. À mesure que les autres s'affirment davantage et sont en contact plus étroit avec eux-mêmes, ils assument la responsabilité de leur vie et, de ce fait, répondent à leurs besoins. Des participants à notre formation décrivent ainsi les résultats obtenus en s'affirmant:

> «Les gens qui étaient habitués à moi y regardent à deux fois maintenant quand j'affirme mes besoins.»

> «Mes relations avec certains de mes proches se sont améliorées depuis que j'ai développé ma capacité d'exprimer mes sentiments, et que je les ai encouragés à en faire autant avec moi.»

> «Mon fils et moi sommes capables de parler franchement à nouveau. Nous avons éprouvé de fortes perturbations dans nos vies et nous avons évité d'exposer nos sentiments. Nous avons commencé à parler.»

> «Mon mari exprime davantage ses sentiments plutôt que de tout garder à l'intérieur.»

S'affirmer peut empêcher de nuire à ses relations. Comme on le sait, une communication faussée contribue souvent à la rupture des relations et demeure un facteur majeur de divorces.

Une femme, célèbre écrivain, décrit comment elle a découvert, après avoir eu un avortement, que son mari, alors qu'il disait approuver sa décision, était en fait incapable de lui exprimer ses vrais sentiments. Quand il y est finalement parvenu, il lui a dit qu'il aurait vraiment voulu avoir un autre enfant. Ensuite vint le divorce. «Nous avions d'autres problèmes, nous explique-t-elle, mais je pense que cet avortement et l'incapacité de mon mari à exprimer ses véritables sentiments à ce sujet firent partie des crises qui ont précipité notre séparation.»

Des hommes tout autant que des femmes décrivent ainsi les avantages qu'ils et elles retirent à mieux s'affirmer:

> «Mon mari et moi sommes beaucoup, beaucoup plus proches.»

> «Mes relations avec certaines personnes, surtout celles avec qui j'étais en conflit auparavant, me paraissent plus honnêtes.»

> «Je ne reste plus là à ruminer des choses qui me préoccupent au sujet de ma femme. Je me vide le cœur.»

Les risques de l'affirmation de soi

S'affirmer peut mettre en lumière des différends et des conflits. Ce sont souvent des sujets dont on a évité de parler dans le passé. Quand on trouve le courage d'affirmer ce qu'on croit et ce qu'on ressent face à des questions particulières, on laisse peu de place au doute. Il est possible alors de se voir désapprouver ou même rejeter par les autres. On peut faire face à des disputes ou à des attaques. Mais la révélation de ces désaccords et de ces conflits peut constituer une conséquence très positive de l'affirmation de soi; cependant, dans certains cas, la relation peut aussi en souffrir, comme le démontrent les témoignages suivants:

> «En ce moment, je me trouve plus souvent en conflit avec les autres. Tant de gens s'attendent à ce que je les serve et je ne le fais pas. J'ai remarqué une confusion évidente chez les gens qui m'entourent. Je suis maintenant résolu à ce que ma vie change. Je sens une confiance en moi et je sais que j'ai le droit de faire reconnaître mes besoins et mes valeurs.»

«Je pense qu'en changeant, j'ai amené d'autres personnes à changer et je me rends compte qu'elles essaient de me faire revenir à mon ancien style, ce qui me rend difficile de poursuivre dans ma nouvelle voie.»

«Mon mari m'a appris que certaines choses que je dis ou fais le blesse. Sur le coup, cela m'a fait de la peine, mais je le connais mieux ainsi.»

«Ma femme semble éprouver de la difficulté à s'adapter à ma nouvelle approche.»

On fait donc face au risque de voir certaines de ses relations changer ou se terminer. La détermination et le courage à s'affirmer, particulièrement si on était auparavant du style non affirmatif, peuvent provoquer des changements inattendus.

Souvent en s'affirmant, on déclenche un moment de vérité dans ses relations, en particulier s'il y avait peu d'échanges francs. Quand on trouve enfin le courage d'exprimer ses sentiments, toutes les façades du passé s'effondrent et la relation ne peut y survivre.

«Je considérais Christine comme une de mes amies intimes, mais récemment, nous avons eu des discussions plutôt profondes et franches et je constate qu'après tout nous n'avons réellement pas grand-chose en commun.»

«Mon mari et moi ne parlions jamais de nos problèmes. Le jour où il a décidé de me quitter, il m'a dit tout ce qu'il n'aimait pas en moi. Il était alors trop tard pour que j'y fasse quoi que ce soit.»

De toute évidence, avant d'envisager d'exprimer ses sentiments et ses besoins aux autres, on doit avoir confiance en eux. On ne sera pas porté à se livrer à des gens qui, croit-on, pourraient ridiculiser, critiquer, ignorer et même rapporter ce qu'on leur a révélé sur soi-même. Mais quand on a confiance en quelqu'un, on se fie à l'engagement de cette personne. Plus cette confiance se consolide, plus la relation s'épanouit.

Le procédé d'affirmation: le message «je»

On propose de s'affirmer sous la forme de messages «je». Un message «je» est une affirmation par laquelle on exprime ses sentiments et on décrit son expérience. C'est un message authentique, honnête, cohérent. Puisque avec les messages «je», on exprime seulement sa réalité intérieure, on n'émet aucune évaluation ni jugement ni interprétation quant à la conduite des autres.

Puisqu'on dit ce qu'on ressent vraiment, on a une expression verbale et non verbale (langage du corps) en harmonie l'une avec l'autre. On transmet ses messages avec confiance et cohérence. On élimine la possibilité de semer la confusion chez son interlocuteur. Dans la plupart des cas, ces messages suscitent chez les autres le respect, l'appréciation et la coopération. On est perçu — et on se perçoit soi-même — comme quelqu'un de responsable, d'autonome, de compétent et on prend sa vie en main.

Dans la formation «Communication efficace», on enseigne quatre types différents de messages «je»:

- les messages «je» de révélation;
- les messages «je» de réaction;
- les messages «je» de prévention;
- les messages «je» de confrontation.

Comme chaque type de messages «je» a une intention différente, nous les avons classés selon le niveau de risque et de difficulté habituellement associé à chacun d'eux. Dans ce chapitre, nous décrirons les plus fondamentaux et les moins risqués, les messages «je» de révélation.

Messages «je» de révélation

Les messages «je» de révélation servent à exprimer aux autres ses convictions, ses idées, ses préférences et ses aversions, ses sentiments, ses réactions, ses intérêts et ses intentions. Ils permettent aux autres de savoir ce qu'on ressent dans son for intérieur. Ils décrivent sa réalité intérieure, telle qu'on la vit maintenant.

Puisque ces messages «je» de révélation permettent de mieux se faire connaître et de mieux se faire comprendre des autres, on peut s'attendre de la part de ces derniers à des relations plus franches. Ces messages invitent et encouragent aussi les gens à partager leur expérience de façon à établir une relation plus profonde.

On révèle, sans doute tous les jours, beaucoup sur soi-même à ses proches:

«Je suis vraiment enthousiaste aujourd'hui.»

«Je me sens un peu triste.»

«Je n'aime vraiment pas les films remplis de violence.»

«J'aime la façon dont la réunion du personnel s'est déroulée aujourd'hui.»

«J'aime jouer au tennis.»

«Je suis fatiguée.»

«Je n'aime pas parler au téléphone.»

«J'attache une grande valeur au temps que je passe avec ma famille.»

«J'aime bien discuter de sujets controversés.»

«Je suis débordé de travail, cet après-midi.»

«Je t'aime.»

«Je déteste prendre l'avion.»

«J'apprécie ton aide.»

Comme les messages «je» de révélation sont des expressions de ses perceptions et de ses opinions personnelles, non reliées aux autres, ils ne provoquent généralement pas chez eux de réactions de défense ou de résistance. Néanmoins, mieux vaut être préparé à faire face à toute résistance de façon constructive, si jamais elle se présente.

Résistance aux messages «je»

Les messages «je» suscitent souvent l'acceptation, l'accord, la compréhension, et même l'enthousiasme (surtout quand les autres sont habitués à ce style affirmatif); mais parfois on peut s'attendre à ce que ses interlocuteurs se sentent choqués ou adoptent une attitude défensive, surtout si l'enjeu est important. Comme on l'a vu plus haut, les messages «je» de révélation risquent peu de provoquer une résistance ou de susciter chez les autres l'impression d'être menacés. Quand on passe aux types de messages «je» plus difficiles et plus risqués (de réaction, de prévention et de confrontation), la résistance des autres devient beaucoup plus fréquente.

L'attitude de défense, ou la résistance, indique le malaise de l'autre face à ce message «je». C'est une réaction normale et inévitable de la part d'une personne qui se sent menacée. Parfois, les messages «je» peuvent surprendre ou choquer les gens, ou encore les prendre au dépourvu. Ils peuvent provoquer la colère, l'anxiété, la peur et la peine, et inspirer (du moins au départ) des réflexes de défense ou de résistance.

Comment savoir quand l'autre résiste à mon message «je»?

Quand on émet un message «je», on obtient presque toujours une réponse quelconque de la part de l'autre. La résistance se traduit par certains indices verbaux et non verbaux évidents:

Indices verbaux	*Indices non verbaux*
Argumenter	Devenir silencieux
Hurler	Se montrer triste ou blessé
Passer des remarques sarcastiques	Pleurer
Plaisanter	Se montrer surpris ou choqué
Changer de sujet	Rire
Refuser d'en parler	Regarder ailleurs
Manifester son désaccord	Quitter la pièce
	Faire la moue

Voici quelques exemples de dialogues typiques:

Moi:	J'ai aimé la façon dont s'est déroulée la réunion du personncl aujourd'hui.
Ma collègue:	Eh bien, mon vieux, pas moi! Je me suis sentie frustrée et furieuse tout le temps!
Moi:	J'aime discuter avec toi de sujets controversés.
Mon mari:	Eh bien, pas moi, tu veux toujours avoir raison!
Moi:	Je crois qu'une femme devrait avoir le droit de se faire avorter si elle le veut.
Mon ami:	L'avortement est un meurtre. Je ne peux pas croire que tu dises une telle chose!

Quand un message «je» provoque de telles réactions, c'est que les autres ont besoin d'exprimer leurs sentiments avant même d'être disposés à écouter ce qu'on souhaite leur dire.

Changer de position: passer de l'affirmation de soi à l'écoute, puis à nouveau à l'affirmation

Quand on exprime ses besoins et ses opinions en messages «je» et qu'on rencontre une opposition, on nuit presque toujours à sa propre cause en se répétant. Réaffirmer son besoin ou son opinion face à une résistance est habituellement perçu comme un comportement agressif et peu sensible. Cela place les autres encore plus sur la défensive et accentue leurs réactions négatives. Ils entendent: «Voilà ce que je veux (ou voilà ce que j'en pense), peu importe ce que tu ressens à ce propos.»

Pour augmenter les chances que son interlocuteur entende son message «je», on a avantage à écouter et à reconnaître les sentiments de malaise qu'il éprouve. C'est la volonté d'être sensible aux sentiments et aux intérêts de l'autre qui distingue le comportement affirmatif du comportement agressif. Même si on émet un message «je» très clair, si on ne prend pas en considération les sentiments négatifs de l'autre, on dit en fait: «Je veux que l'on m'écoute ou je veux satisfaire mes besoins à tout prix!»

Donc, dès qu'on prend conscience de la résistance de son interlocuteur, mieux vaut changer de position. Après avoir émis son message «je», on passe à l'écoute des sentiments de l'autre; on passe de la position d'émetteur à celle de récepteur. On veut maintenant montrer qu'on est sensible aux sentiments de l'autre, qu'on se préoccupe de son sort, et qu'on veut comprendre ses besoins. Il entendra quelque chose comme: «Voici ce qui me tient à cœur. Mais je suis prêt à prendre le temps de t'écouter, car je t'estime et je respecte ce que tu ressens.»

Ce changement de position momentané, cette manifestation d'intérêt envers les besoins de l'autre instaure une atmosphère de conciliation. On y communique sa sensibilité et sa sollicitude à l'égard de son interlocuteur. On lui fait ainsi savoir qu'on ne cherche pas à satisfaire ses propres besoins à ses dépens. Changer de position ne signifie pas renoncer à ses besoins ou à ses convictions. Mais cela démontre qu'on considère comme indispensable de se préoccuper de la résistance de l'autre pour satisfaire ses propres besoins, qu'on a de l'estime pour son interlocuteur et qu'on s'intéresse également à ses sentiments. Cette étape fait partie d'un processus efficace de réalisation de ses buts.

Un seul changement de position (passer une fois à l'écoute) est souvent suffisant pour aider l'autre à se libérer de ses sentiments négatifs. D'autres fois, il sera peut-être nécessaire de passer plusieurs fois de l'affirmation à l'écoute, puis à l'affirmation et ainsi de suite.

Être prêt à écouter efficacement peut aussi donner l'occasion à chacun de clarifier ses intentions et ses besoins. Et cela pave la voie à la résolution de conflits, si cela s'avère nécessaire.

Son désir et sa capacité d'écouter l'autre avec sensibilité et respect suffisent souvent à réduire la résistance; ainsi, quand on revient à son message d'affirmation initial, on a plus de chances d'être entendu et accepté. Accepter ne signifie pas être d'accord, mais être prêt à tolérer un point de vue différent ou une situation nouvelle.

En passant de l'affirmation à l'écoute, on maintient l'équilibre entre le souci qu'on a de soi-même et celui qu'on éprouve pour les autres: c'est là l'une des clés pour une communication efficace et pour une relation mutuellement satisfaisante.

Écoute active de la résistance

L'écoute active est une façon particulière de refléter ce que l'autre personne a dit, de lui montrer qu'on l'écoute et de vérifier qu'on a bien compris le sens de son message.

C'est une reformulation de l'*ensemble* de la communication de l'autre: à la fois les mots du message et les *sentiments* qui l'accompagnent. Pour passer à l'écoute active, on doit momentanément se mettre à la place de son interlocuteur, essayer de comprendre le sens de ses pensées et de ses sentiments, puis, lui exprimer ce qu'on saisit pour vérifier si on a bien compris.

Le procédé d'écoute active se compose des quatre étapes suivantes:

1. On reçoit le message «codé» de l'autre, verbal et non verbal.
2. On «décode» le message et on saisit le sens de ce que l'autre essaie de communiquer.
3. On reflète — comme un miroir — son interprétation du message de l'autre en disant, en somme: «Voici comment je comprends ce que tu ressens ou ce que tu éprouves. Ai-je bien compris?»
4. L'autre personne réagit alors à cette réponse d'écoute active en confirmant ou en clarifiant ce qu'on a compris de son message.

Reprenons ici l'exemple où on a dit à son conjoint: «J'aime discuter avec toi de sujets controversés.»

Le conjoint exprime ses sentiments par un message verbal (qu'on appelle codage) et dit:

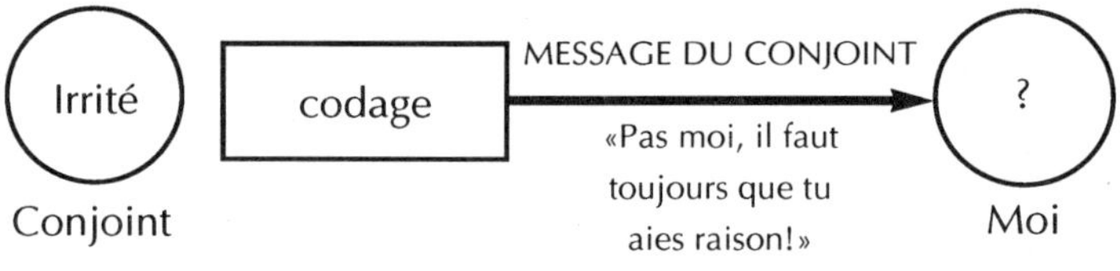

On essaie alors de comprendre (décoder) le message, de saisir le sens de sa communication.

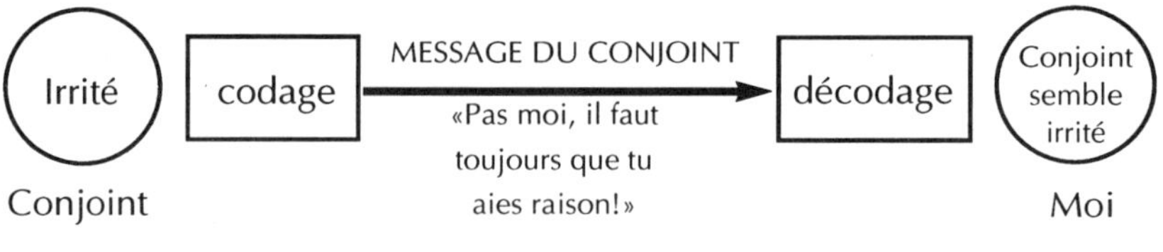

On lui fait ensuite part de ce qu'on saisit de son message: «Voici comment je comprends ce que tu ressens. Ai-je bien compris?»

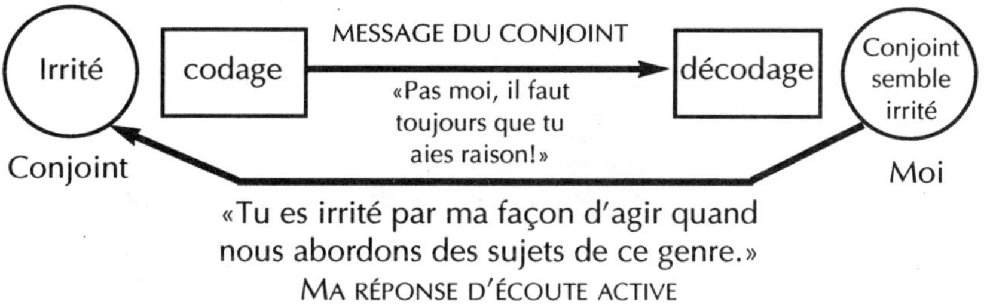

On peut alors s'attendre à ce que son conjoint réagisse et confirme qu'on a bien compris son message, en disant: «C'est ça» ou «Tu as bien compris».

Pour déterminer si on continue d'écouter ou si on passe à une nouvelle affirmation, on observe alors les réactions de l'autre pour percevoir ce qu'il ressent. En restant sensible à ses sentiments, on verra comment procéder.

Voici une autre situation qui illustre comment ce procédé fonctionne. Il s'agit d'une discussion avec un ami au sujet du compte rendu qu'il a présenté au comité de citoyens:

Moi: Je pense que tu as produit un excellent travail dans ce rapport, mais je ne suis pas d'accord avec ce nouveau plan d'aménagement du quartier pour y implanter des immeubles. Ça changerait le cachet du quartier et détruirait l'ambiance que les gens aiment. [Message «je».]

Ami: C'est un point de vue plutôt rigide. Je suis vraiment étonné de t'entendre dire ça! [Résistance.]

Moi: Je vois que tu n'apprécies pas mon commentaire. Cela m'intéresse de savoir davantage ce que tu ressens à ce propos. [Passage à l'écoute active.]

Ami: Je crois que l'implantation d'appartements favoriserait l'installation d'un plus grand nombre de personnes seules ou de gens âgés et, à mon avis, ce serait une bonne chose pour le quartier. Nous avons besoin d'une plus grande variété de population.

Moi: C'est important pour toi de vivre avec des gens d'âges et de styles de vie différents. [Écoute active.]

Ami: Oui, c'est important parce que j'aimerais, par exemple, que mes enfants soient en contact avec différentes catégories de personnes.

Moi: Tu penses qu'il leur serait profitable de connaître beaucoup de personnes différentes. [Écoute active.]

Ami: Oui, je le crois vraiment. Je pense que nous pourrions associer maisons unifamiliales et appartements, et que cela améliorerait le quartier.

Moi: Tu crois vraiment que nous pourrions profiter des avantages de chaque mode de vie. [Écoute active.]

Ami: Oui, c'est ça.

Moi: Je comprends bien ton point de vue. Mais ce que j'apprécie dans ce quartier, c'est le calme et la tranquillité. Je crains que cela ne change. [Un nouveau message «je».]

En passant d'un message «je» à l'écoute active, c'est-à-dire en changeant de position, on a réussi, au cours de cette discussion, à mettre en évidence et peut-être à concilier des valeurs fondamentalement différentes.

Si, par exemple, en discutant avec un ami, on est en désaccord sur la question, hautement émotive, de l'avortement, on peut être tenté de réaffirmer:

«Je le pense vraiment, et je ne vois pas pourquoi cela te bouleverse à ce point.»

Au lieu de répondre ainsi, on peut passer à l'écoute active:

Moi: Ce que j'ai dit te choque vraiment. Ce sujet semble te tenir fortement à cœur…

Ami: Bien sûr! Mon éducation a été fondée sur la conviction que la vie est sacrée et doit être protégée à tout prix.

Moi: Ainsi, l'idée d'avortement s'oppose violemment à l'une de tes convictions les plus profondes.

Ami: Oui, et en plus je pense que le problème a été pris un peu trop à la légère ces derniers temps.

Moi: Tu veux dire que trop de femmes se font avorter et peut-être sans réfléchir et choisir parmi d'autres possibilités...

Ami: Oui... Je pense simplement qu'il existe de meilleurs moyens de régler la situation. Sans détruire une vie...

On change de position à nouveau, cette fois en revenant à son message de révélation.

Moi: Oui, de ce côté-là, je suis de ton avis. Mais je pense qu'il vaut mieux avorter que de mettre au monde un enfant non désiré...

Encore une fois, un échange qui aurait pu s'envenimer a été apaisé, et sans qu'aucune des deux parties ne renonce à ses sentiments. On a trouvé une formule pour poursuivre un dialogue rationnel sur ce sujet et d'autres sujets controversés pouvant survenir au cours de la discussion.

L'écoute active est utile même quand elle est quelque peu inexacte, parce qu'elle aide l'émetteur à réfléchir aux pensées et aux sentiments qu'il vient juste d'exprimer. Même si le reflet en écoute active manque de précision, l'interlocuteur a une occasion de la rectifier en émettant un autre message. Si la réponse d'écoute active est juste, alors la personne qui s'exprime peut poursuivre la conversation.

Quand l'autre personne se sent écoutée et comprise, elle est beaucoup mieux disposée, à son tour, à prêter l'oreille à l'opinion ou au désir réexprimé.

Après une écoute active de la résistance, on en vient souvent à mieux comprendre l'autre personne ou à découvrir un aspect dont on n'était pas conscient. Cette nouvelle information peut inciter à modifier, dans une certaine mesure, son message «je» original. Cela peut aussi mettre en évidence un conflit, ce qui ne peut être résolu uniquement par l'expression et l'écoute. (Nous examinerons la manière de résoudre ce type de conflit dans un chapitre ultérieur.)

La première fois, on trouve l'écoute active peu naturelle, fausse et mécanique. On est peu habitué à cette forme de réponse, c'est pourquoi elle est un procédé difficile à apprendre. Une attitude d'acceptation à l'égard des sentiments de l'autre permet cependant d'y parvenir, et l'écoute active devient alors une réponse plus naturelle.

En résumé: mieux se faire comprendre (et par là même mieux satisfaire ses besoins) dépend non seulement de sa capacité à s'exprimer clairement et sincèrement, mais aussi de son désir et de son aptitude à écouter les autres et à leur fournir l'occasion de s'exprimer.

Dans ce chapitre, nous avons décrit l'écoute active comme moyen efficace pour réduire la résistance de l'autre et s'aider soi-même à combler ses besoins. Au chapitre 13, nous décrirons l'utilisation de l'écoute active dans un contexte entièrement différent: nous y verrons comment devenir un «agent d'aide» efficace quand une autre personne a un problème.

CHAPITRE 4

Apprendre à dire «non»

Il n'y a responsabilité authentique que lorsqu'il y a réponse véritable.

MARTIN BUBER, *La vie en dialogue: entre «je» et «tu»*

Quand on a exploré et identifié ses besoins, ses désirs et ses valeurs et qu'on a commencé à concevoir plus clairement la direction vers laquelle s'orienter, on devient plus conscient du temps et de l'énergie consacrés à des activités qui ne satisfont pas ses besoins personnels. Voici comment plusieurs personnes décrivent leur surprise face à cette découverte:

> «Toute ma vie, je me suis laissé contrôler par les événements sans me rendre compte que je pouvais les changer.»

> «Les autres exploitent constamment mon temps et mon énergie.»

> «J'ai toujours éprouvé, à la fin de chaque journée, ce sentiment d'insatisfaction à la pensée de tout ce que je voulais faire et que je n'ai jamais fait.»

Après avoir analysé comment on utilise effectivement son temps, on découvre la proportion de chaque journée consacrée aux besoins et aux désirs des autres, une grande part de cette activité n'ayant aucun rapport avec ses propres besoins et désirs. On peut être choqué de découvrir que cette proportion peut s'élever jusqu'à quatre-vingt pour cent et parfois même à cent pour cent!

Pourquoi se laisse-t-on ainsi déposséder de sa vie? Pourquoi dit-on si souvent «oui» quand on veut dire «non»? Une réponse immédiate vient à l'esprit: il est plus facile et plus agréable de dire «oui»; il est difficile et souvent pénible de dire «non». Voyons pourquoi il en est ainsi.

Tout au long de son expérience humaine, on lutte pour satisfaire ses besoins personnels et ceux de son entourage. Chacun de nous est unique et fait partie d'un tout. Évidemment, si on vit au sein d'un système et qu'on en retire des avantages, on lui doit quelque chose, mais quoi? Et comment concilier les conflits entre les besoins du système et ses propres besoins?

Quand on s'interroge sur les rôles traditionnels et les pressions sociales, ces questions prennent un nouveau caractère d'urgence. Pendant des siècles, les gens ont vu leurs rôles en grande partie prédéterminés et leurs choix limités. On a souvent considéré les besoins individuels comme secondaires par rapport à ceux des groupes sociaux: la famille, l'Église, la communauté. Ainsi, on a souvent répondu par un «oui» inconditionnel aux exigences de ces institutions. Imprégné par ce principe de service et de devoir envers les autres, on en a souvent perdu le sens de ses obligations et de ses responsabilités envers soi-même.

Aujourd'hui, on a plus de choix. Si on veut prendre sa vie en main, devenir un être humain pleinement épanoui et s'affirmer, on a besoin d'examiner de plus près ce qui nous incite à dire «oui» quand on veut dire «non». À moins de bien comprendre ses motivations, on risque de continuer à laisser son attention envers les autres l'emporter sur son attention envers soi-même.

Pourquoi on dit «oui»

Quand on se fait demander d'accomplir quelque chose qu'on aimerait autant ne pas faire, on peut ressentir une forte envie de dire «non», mais fréquemment cette envie s'accompagne d'anxiété. On peut se sentir pressé d'acquiescer, pour démontrer qu'on est aimable, agréable, coopératif. Dire «non» déclenche des sentiments négatifs dont plusieurs proviennent de l'éducation reçue. Quelque part au fond de soi-même, il y a encore cette «bonne petite fille» ou ce «gentil petit garçon» qui faisait toujours ce que l'on attendait d'elle ou de lui. Sinon, on était étiqueté «égoïste» et «pas fiable» et on était averti: «Les gens ne t'aimeront pas.»

Plusieurs forces entrent en jeu et contribuent à ce qu'on croie croire que le prix à payer pour dire «non» est trop élevé. Voici quelques raisons pour lesquelles on dit «oui» alors qu'on préférerait dire «non»:

Raisons	*Exemples*
La surprise	Eh bien! d'accord... J'imagine que je pourrais le faire.
	Je n'ai pas pensé à ce que je ferai demain, mais j'imagine que je pourrais.
Le désir de plaire, le besoin d'être approuvé	Je veux qu'elle m'aime.
	J'aimerais les rendre heureux.
La peur de blesser les autres	Elle aurait tellement de peine si je lui disais non.
	Je crains de le blesser si je n'y vais pas.
La peur d'être puni ou rejeté	Il ne me pardonnera jamais.
	Ils ne nous inviteront jamais plus.
La culpabilité	Comment pourrais-je continuer à vivre face à moi-même?
	J'aurais l'impression d'être tellement égoïste.

La soumission à l'autorité	Ils sont bien plus informés que moi.
	Il faut que je le fasse, c'est ma patronne.
La réciprocité	Je peux avoir besoin du même service à mon tour.
	Un service en attire un autre
La conformité aux attentes culturelles	Je crois à la coopération.
	Qu'est-ce que les autres vont penser?
L'identification	Et si j'étais à sa place?
	Je connais trop bien ce sentiment!
Le devoir ou le sens de la dette morale	C'est mon devoir en tant que citoyen. Je le dois à ma famille.
Le martyre	J'irai jusqu'au bout quitte à en souffrir.
	Enfin... je me débrouillerai.
Le besoin de pouvoir	Cela me donnera une occasion d'entrer dans les bonnes grâces de quelques gros bonnets.
	Si je refuse, ils penseront que je ne suis pas à la hauteur de la situation.

L'élément de surprise joue un rôle majeur quand on dit «oui» alors qu'on aurait préféré dire «non» et quand on est indécis. Parce qu'on est pris au dépourvu ou incertain, on dit «oui» sans vraiment prendre en considération ses besoins. Souvent, cette façon de faire amène à ressentir de la rancœur et de la colère et à éprouver des sentiments négatifs envers l'autre. Prenons, par exemple, les demandes typiques suivantes:

«Garderais-tu mon bébé cet après-midi?»

«Pouvons-nous passer chez vous quelques minutes ce soir?»

«Pourriez-vous nourrir notre chien ce week-end? Nous allons nous absenter.»

«Pouvons-nous vous emprunter votre caméscope pour nos vacances?»

On n'est pas tenu de donner une réponse positive et immédiate à la moindre demande. Au lieu de dire automatiquement «oui» (ou «non» dans certains cas), on pourrait donner des réponses plus franches telles que:

«J'ai besoin d'y réfléchir. Je te rappellerai dans quelques minutes.»

«J'aimerais en discuter avec le reste de la famille. Je vous le ferai savoir aussitôt que je pourrai.»

Cela peut donner le temps de réfléchir et de prendre une décision. Ainsi, quand on décide d'accéder ou non à une demande, on sait qu'on le fait d'une façon responsable et autonome; on peut alors se sentir bien face à sa décision et face à l'autre personne.

Certaines des autres raisons pour dire «oui» à diverses demandes — ne pas vouloir blesser les autres, le devoir, la réciprocité, l'identification — peuvent rapporter des bénéfices. Dans d'autres cas, ces raisons incitent plutôt à adopter un comportement non affirmatif, et on perd alors son autonomie et sa capacité de se prendre en main. Il est légitime de vouloir être perçu comme une «bonne» personne, qui se soucie des autres et qui est prête à leur venir en aide. Et si son souci des autres est authentique, il peut s'avérer stimulant d'acquiescer aux demandes. Mais on a intérêt à se rappeler qu'on a aussi le droit de s'occuper de ses propres besoins, de décider et de choisir ce qui donne des satisfactions et un sens à sa vie. On a surtout avantage à prendre en considération l'importance d'atteindre un équilibre satisfaisant entre indépendance et interdépendance. On peut se demander:

- Comment puis-je organiser ma vie pour satisfaire mes besoins et atteindre mes objectifs?
- Quelle quantité de temps, d'énergie et de ressources ai-je besoin d'investir pour satisfaire mes besoins et atteindre mes objectifs?
- Que suis-je prêt à faire pour les autres?
- Actuellement, qu'est-ce que je fais pour les autres?
- Quelle quantité de temps, d'énergie et de moyens suis-je disposé à investir pour satisfaire les besoins des autres?
- Est-ce que je veux en faire plus pour les autres?

Chacun répond différemment à ces questions. En outre, les réponses qu'on donne varient probablement selon les différentes étapes de sa vie. Quand on a des enfants d'âge scolaire, on est plus disposé à répondre aux demandes de l'école, à celles des associations de parents, des scouts ou d'organismes pour les jeunes. À d'autres étapes, on peut être plus intéressé à apporter sa contribution à des activités culturelles ou éducatives, ou à des causes sociales. L'important est de trouver son propre équilibre, de se sentir en harmonie avec ses besoins personnels, à tout moment de sa vie.

Dire «non» à l'aide de messages «je» de réaction

Le procédé de communication que nous proposons pour répondre aux demandes inacceptables des autres est le message «je» de réaction: un message qui exprime clairement «non» quand ce «non» est le véritable sentiment éprouvé. Un message «je» de réaction efficace se compose de deux éléments: son affirmation et les effets inacceptables de la demande sur soi.

1. Son affirmation

Cette partie du message «je» traduit clairement sa décision de ne pas accéder à la demande. On peut l'exprimer sous plusieurs formes:

«Non, je ne veux pas...»
«J'ai décidé de ne pas...»
«Je choisis de ne pas...»

Ces déclarations ont en commun un élément déterminant: elles font part en termes clairs de sa décision et de son choix conscients.

Chacun devant trouver son style et son ton personnels, on a avantage à éviter des expressions telles que:

«Je ne peux pas.»
«Je ne réussirai pas à...»
«Je suis trop occupé pour l'instant.»

De telles expressions démontrent qu'on ne prend pas sa vie en main, qu'on n'est pas responsable de ses décisions et de ses actions. Ce «non» semble indiquer qu'on n'a pas pris une décision personnelle autonome, comme si elle était imposée par des forces extérieures. On émet alors un message hésitant et incertain. On invite ainsi les autres à remettre sa décision en question. Alors qu'on éprouve un vif sentiment d'inacceptation, on transmet un message incohérent d'acceptation réticente. Mais tel n'est pas le cas avec le message «je» de réaction.

«Je choisis de ne pas...» ne laisse aucun doute sur le fait qu'on est à la source de la décision. Par la réponse «Je ne peux tout simplement pas», on se désapproprie sa décision et on invite l'autre à répliquer: «Pourquoi pas?» Quand on dit: «Je suis trop occupé pour l'instant», on semble sous-entendre qu'on pourrait le faire plus tard. On laisse la porte ouverte à: «Dans ce cas, que dirais-tu d'un autre moment?» On fait alors face à ce dilemme: accéder à la nouvelle demande inacceptable ou continuer à désavouer sa responsabilité en se retranchant derrière de nouvelles excuses ou mensonges.

2. Les effets inacceptables de la demande sur soi

La deuxième partie du message «je» de réaction explique pourquoi on choisit de dire «non». Il n'est pas toujours nécessaire de fournir des raisons quand on choisit de refuser. Dire «non» de manière responsable suffit parfois, surtout si on ne connaît pas très bien l'autre personne. Savoir dire tout simplement «J'ai décidé de ne pas y aller», sans donner de raisons ni d'explications, constitue en soi un avantage, dont beaucoup de participants à la formation ont fait l'expérience. Cependant, il est dans la plupart des cas préférable de fournir des raisons pour appuyer sa décision, ce qui évite ainsi de paraître brutal, fermé ou agressif, et assure que l'autre comprend qu'on choisit consciemment de satisfaire d'autres besoins légitimes. On communique en réalité:

> «Je choisis de ne pas accéder à ta demande, mais notre relation me tient à cœur, et j'ai confiance que tu respecteras les raisons de ma décision.»

Exprimer ses raisons aide aussi à clarifier et à confirmer ses décisions, permettant de mieux se connaître.

Les effets inacceptables d'une demande peuvent prendre la forme de conséquences tangibles ou intangibles anticipées, au cas où on accepterait d'accéder à la demande. Par exemple, on se fait demander de consacrer beaucoup de temps à un projet ou à une activité pour lesquels on n'a que peu ou pas d'intérêt. Les conséquences tangibles pourraient se traduire par: perte d'argent, perte de temps qu'on aurait pu consacrer à d'autres activités, effet nocif sur sa santé, sa famille ou quelque autre relation. Les effets intangibles pourraient prendre la forme de: souci, tension, ennui. On tient compte de toutes ces conséquences possibles, tangibles et intangibles, pour parvenir à dire «non». On pourrait alors exprimer un message «je» de réaction tel que:

«Non, j'ai décidé de ne pas continuer à travailler au comité cette année, car j'y ai participé depuis cinq ans déjà et maintenant je suis fatigué.»

Voici des messages «je» de réaction qu'on peut employer pour répondre à des demandes inacceptables:

«Non, je ne veux vraiment pas te prêter de l'argent en ce moment; j'en ai besoin pour des projets personnels.»

«Non, je choisis de n'assister à aucune réunion pendant quelque temps, parce que j'ai un projet très important auquel je veux consacrer toute mon attention.»

«Non, nous ne voulons nous abonner à aucune revue, nous recevons déjà de nombreuses publications que nous n'avons même pas le temps de lire.»

«Non, j'ai décidé de ne pas aller faire de courses avec toi, la semaine prochaine; j'aimerais bien passer un peu de temps avec ma famille.»

«Non, je ne veux pas sortir pour aller déjeuner aujourd'hui; j'essaie de suivre un régime et, au restaurant, j'ai trop de tentations.»

«Non, nous avons décidé de ne pas renouveler le contrat de service d'entretien de la pelouse, parce qu'il y a encore trop de mauvaises herbes.»

«Non, nous ne désirons pas voir un représentant maintenant, nous préférons recevoir uniquement de la documentation pour examiner votre produit.»

Très souvent, de tels messages, clairs et cohérents, amènent l'autre à comprendre le refus et à l'accepter; quelquefois même, facilement.

On obtient davantage le respect des gens en étant franc avec eux. Plus important encore, on se fait apprécier pour avoir eu confiance en leur capacité de faire face à un «non».

Changer de position: passer du message «je» de réaction à l'écoute active

Quand on dit «non» aux autres, même avec le plus de sensibilité et d'efficacité possible, il n'est pas rare de faire face à une réaction négative, surtout si on leur a toujours dit «oui» auparavant.

Comme l'attitude essentielle à l'utilisation du message «je» est la disposition et la capacité à écouter activement, on a avantage à changer de position dès qu'on remarque un problème que ce qu'on dit semble entraîner. À mesure qu'on apprend à émettre des messages «je» plus affirmatifs, il devient de plus en plus important de changer de position, d'écouter pour entendre et comprendre la résistance, et de montrer de l'empathie quand l'autre sent la satisfaction de ses besoins menacée.

Voici un exemple de la façon dont on change de position:

> «Pierre a souvent besoin de quelqu'un pour taper son travail à la machine quand sa secrétaire est absente. Il m'a souvent demandé de le dépanner, et je l'ai toujours fait. Récemment, j'ai décidé que je ne voulais plus continuer de faire ce travail supplémentaire. La conversation s'est déroulée de la façon suivante.»

Pierre:	Nicole, taperais-tu ce rapport à la machine? Ma secrétaire est absente aujourd'hui.
Nicole:	Non, Pierre, j'ai décidé que je ne veux plus faire ce travail de dactylographie pour toi. Cela ne fait pas partie de ma tâche.
Pierre:	Mais qu'est-ce qui te prend aujourd'hui? Tu l'as toujours fait auparavant.
Nicole:	Ma réaction d'aujourd'hui te surprend vraiment. [Changement de position en écoute active.]

Pierre:	Oui, je pensais que nous étions bons amis et que tu aimais bien m'aider.
Nicole:	Le fait que je te dise «non» t'amène à t'interroger sur notre relation et tu te demandes si j'ai été sincère. [Écoute active.]
Pierre:	Oui.
Nicole:	Non, Pierre, je t'aime bien et je veux vraiment qu'on continue d'être amis. Je voudrais simplement cesser de faire un travail pour lequel je ne suis pas payée.

Employer les messages «je» de réaction pour répondre «oui»

On peut aussi employer les messages «je» de réaction pour dire «oui» à une demande acceptable. Découvrir et exprimer les raisons pour lesquelles on dit «oui» aide à rester en contact avec ses sentiments véritables et révèle à l'autre qu'on accède à sa demande parce qu'on le veut vraiment; on lui montre ainsi qu'on ne cède pas à contrecœur. Ce genre d'affirmation positive favorise l'ouverture et les sentiments chaleureux entre les gens, comme le démontrent les exemples suivants:

> «Oui, je veux bien distribuer des affiches pour la campagne de Claire Dubois. Je crois fermement aux idées qu'elle propose, et j'aimerais l'aider.»

> «Oui, cela me ferait plaisir qu'on se rencontre pour déjeuner demain. J'aimerais bien savoir ce qu'il y a de nouveau dans ta vie.»

> «Bien sûr, je vais t'aider à préparer le repas, je ferai cette nouvelle salade que nous aimons tant.»

> «Oui, je serais content de t'aider à terminer ton travail cette semaine. Ça me donnera l'occasion de te rendre service comme tu l'as fait si souvent pour moi.»

> «Oui, j'aimerais assister à votre réunion demain soir. J'aurais la chance de mieux comprendre le projet dans lequel vous êtes engagés.»

Quand on apprend à émettre des messages «je» de réaction pour dire «oui» ou «non», la préoccupation la plus importante est qu'il faut conserver un équilibre entre l'attention qu'on se porte et celle qu'on accorde aux autres.

CHAPITRE 5

Prévenir certains conflits

Notre moi ne peut se développer que s'il existe.

SIDNEY JOURARD, *La transparence de soi*

Bien qu'on éprouve un sentiment de frustration, qu'on ait l'impression de ne pas se développer dans toutes ses possibilités, on ne traite souvent pas vraiment les causes de ses sentiments. On envie ceux qui semblent vivre pleinement et s'épanouir, mais on trouve des raisons pour expliquer son propre manque de satisfaction et de réalisation; parmi les excuses préférées, on retrouve «C'est toujours ça qui m'arrive!» ou «Je n'ai pas de chance!»

Souvent, ce manque de satisfaction découle directement de son inefficacité à communiquer ses désirs et ses besoins avec clarté et cohérence. Apprendre à employer les messages «je» de réaction aide à faire face franchement aux demandes auxquelles on ne veut vraiment pas accéder; on prend ainsi mieux en main la façon dont on utilise son temps et son énergie. Évidemment, se libérer de tâches, de fardeaux et d'obligations inacceptables constitue une étape majeure dans l'accomplissement de sa liberté personnelle.

Mais se libérer *de* — par exemple, ne plus vouloir consacrer son temps à des tâches pour lesquelles on ne retire ni satisfaction ni épanouissement — ne constitue que la moitié de la réponse. L'autre moitié implique la liberté *pour* — par exemple, décider de consacrer son temps, son énergie et ses talents à des projets qui ont un sens pour soi et à la réalisation de ses buts. La poursuite de cette forme positive de liberté crée nécessairement des situations où on a besoin de la compréhension, du soutien, de la coopération ou de la participation des autres. Si on veut obtenir la collaboration des autres, on doit entretenir avec eux une relation mutuellement satisfaisante; ils doivent sentir qu'on est prêt à les aider à satisfaire leurs besoins. Dans ses relations avec les autres, on passe par plusieurs changements et renversements de situation; un jour on aide, un autre jour on recherche de l'aide. Dans de telles situations, le guide le plus fiable est sa capacité de rester en contact avec ses besoins et ses valeurs et de se souvenir de demeurer sensible à ceux des autres.

Les messages «je» de prévention

On appelle message «je» de prévention l'expression complète d'un besoin qui requiert une certaine forme de coopération ou de soutien. C'est une révélation où on s'engage dans une expérience d'échange avec les gens avec qui on entretient des relations et de qui on peut obtenir de l'aide pour satisfaire ses besoins. Comme tous les messages «je», il s'agit d'une expression d'affirmation claire et directe, où on évite à la fois les tendances non affirmatives et agressives. On sait que les gens acceptent plus facilement d'aider et sont plus disposés à le faire s'ils ont une image claire de ce qu'on veut.

Les messages «je» de prévention sont ainsi appelés parce qu'ils peuvent prévenir plusieurs conflits et malentendus: ces messages font savoir à l'autre à l'avance ce qu'on veut et ce dont on aura besoin. Informer les autres de ses besoins permet d'établir et de maintenir un contact étroit, leur épargne des surprises désagréables en les préparant à des changements qu'on souhaite faire et qui pourraient les affecter.

Un participant explique comment il a utilisé avec succès un message «je» de prévention à l'adresse des gens de son groupe:

> «Je consacre beaucoup de temps à différents groupes tels que syndicat, comité de citoyens, association sportive, etc. J'ai une grande voiture et j'emmène très souvent des gens à ces réunions. J'ai remarqué que j'y dépense beaucoup d'argent. Or cette dépense me tracassait depuis quelque temps. Je commençais à être irrité d'être toujours celui qui fournit l'auto, alors que les autres ont un transport gratuit. J'ai alors exprimé un message "je" de prévention à mes camarades et je leur ai demandé de collaborer à mieux répartir les dépenses. Certains ont proposé de fournir l'auto à tour de rôle, d'autres ont suggéré de payer une partie des dépenses. Finalement, nous avons décidé que je continuerais de conduire tout le monde et qu'eux payeraient l'essence. Ainsi, j'ai pu poursuivre avec satisfaction mes activités bénévoles sans me soucier d'argent.»

Un autre participant rapporte une conversation qu'il a eue avec ses parents:

> «Jusqu'à présent, je m'étais senti obligé de visiter mes parents aux vacances de Noël. Or, cette année, j'ai décidé de rester à la maison. Je leur ai exprimé mes sentiments (de culpabilité), mon besoin de rester tranquillement chez moi et d'aller les voir à un autre moment de l'année. J'ai alors appris que depuis tout ce temps, ils avaient insisté pour que je passe Noël avec eux parce qu'ils craignaient que je me sente trop seul! Ils ont semblé soulagés de ne pas avoir "à recevoir" et projettent de faire un petit voyage à la place.»

Une participante décrit ainsi son expérience avec sa famille:

> «Je rentre à la maison fatiguée après le travail, et pas du tout disposée à préparer le repas tout de suite. Tout le monde a faim! J'ai parlé aux trois membres de la famille; je leur ai dit que tout comme ils peuvent ressentir la fatigue au travail ou

à l'école, j'éprouve la même chose; j'ai ajouté qu'avec leur coopération, après quelques minutes de repos, nous pourrions tous ensemble préparer le repas; je leur ai aussi suggéré qu'ils pouvaient commencer quelque chose s'ils n'étaient pas eux-mêmes trop fatigués. Maintenant, quand j'arrive à la maison, le repas est en préparation, la maison est en ordre (quelle satisfaction!) et quelquefois mon mari, ou mon fils aîné, nous emmène manger au restaurant.»

L'expérience répétée confirme qu'en apprenant à employer les procédés d'affirmation efficace, on est étonné et enchanté de découvrir chez les autres une nouvelle volonté de coopérer. On en vient à se rendre compte que l'acceptation, le soutien et l'aide étaient disponibles tout ce temps, chez les autres autant que chez soi. Ce potentiel restait tout simplement latent.

Dans ces situations, le dialogue suivant peut sembler familier:

— Mais je ne savais pas que tu éprouvais ces sentiments!
— Pourquoi ne m'en as-tu rien dit?
— Tu ne me l'as jamais demandé.

Combien de fois a-t-on vu ses besoins frustrés, ses relations insatisfaites, ses buts non réalisés parce qu'on n'a «jamais demandé», ou demandé trop tard, ou demandé d'une façon qui éloigne les gens plutôt que de leur donner l'occasion de coopérer par amitié?

Un message «je» de prévention efficace se compose généralement de deux éléments:

1. L'affirmation de son besoin

Voici quelques exemples de messages qui traduisent le besoin:

«Je veux reprendre mes études.»

«J'ai besoin de repos.»

«J'aimerais bien m'amuser un peu.»

«J'apprécierais que nous restions à la maison ce week-end.»

«J'ai décidé de trouver un meilleur emploi.»

2. Les raisons de ce besoin (conséquences souhaitées)

Les raisons du besoin sont exprimées dans le message:

«Je veux... parce que...»

Il est important d'expliquer les raisons de son besoin, pour éviter d'émettre un message autoritaire ou agressif. On peut facilement imaginer la façon dont son conjoint réagira si on lui dit: «J'ai décidé de recommencer à travailler, j'ai donc besoin de ton aide pour les tâches ménagères.» Si on employait le message «je» de prévention, on dirait plutôt: «J'ai décidé de recommencer à travailler parce que j'aimerais aider à régler les comptes de plus en plus élevés que nous avons. J'ai également besoin d'un travail productif qui me permette d'utiliser ma formation universitaire. Je vais donc avoir besoin d'aide pour les tâches ménagères.»

Le premier message sera perçu comme trop agressif et trop exigeant; le second, comme une affirmation soigneusement réfléchie.

On trouvera plus facile d'émettre des messages «je» de prévention efficaces si:

- on sait ce qu'on veut ou ce dont on a besoin et pourquoi;
- on décide d'assumer la responsabilité personnelle de satisfaire son besoin;
- on peut exprimer son besoin de façon affirmative à la personne dont on recherche la coopération;
- on est disposé à passer à l'écoute si l'autre personne se met sur la défensive.

Les messages «je» de prévention se révèlent particulièrement utiles dans les deux cas suivants: on a déjà été empêché de satisfaire ses besoins par quelqu'un et on tente un nouvel essai avec un message plus clair; on a affaire à un nouvel interlocuteur et on veut alors s'assurer qu'on n'est pas perçu comme agressif ou exigeant.

L'expérience démontre que les messages «je» de prévention offrent des avantages, non seulement pour soi, mais également pour ceux avec qui on est en contact. Ces avantages sont multiples:

- on prend conscience de ses besoins et de ses sentiments, on en assume la responsabilité et on se prend en main;
- les autres connaissent mieux ce dont on a besoin et l'intensité de ses sentiments à ce sujet;
- on devient un exemple d'ouverture, de franchise, de cohérence et on encourage ainsi les autres à agir de la même façon;
- on réduit les risques de conflits et de tensions provoqués par des besoins inconnus ou non communiqués et on diminue l'effet de surprise qui secoue souvent, même ses relations les plus intimes;
- on assume l'entière responsabilité de ses projets et on se prépare à satisfaire ses besoins futurs;
- on entretient des relations saines, parce qu'on les fonde sur l'ouverture et la franchise.

Voici quelques exemples de messages «je» de prévention efficaces:

> «J'aimerais que nous fixions un moment pour nous rencontrer afin de planifier notre conférence; je me sentirai mieux préparée et moins anxieuse quand nous arriverons là-bas.»
>
> «J'aimerais que tu me préviennes quand tu sais que tu ne rentreras pas directement à la maison après l'école, alors je ne m'inquiéterais pas inutilement.»
>
> «J'aimerais que nous déterminions tout ce qui doit être fait avant le départ du week-end; cela nous assurerait d'avoir le temps de tout faire.»

«J'aimerais savoir l'heure à laquelle tu comptes ramener les enfants; j'ai des projets pour la journée.»

«J'aimerais connaître les sujets à l'ordre du jour pour notre réunion de demain; je pourrais ainsi me munir de l'information nécessaire.»

«J'aimerais savoir à quelle heure nous allons dîner, parce que j'ai un long appel téléphonique à faire.»

«Si tu rencontres le maire, j'aimerais être présent pour apporter des idées sur la façon de participer à une telle initiative.»

«J'ai peur que tu ne reviennes trop tard ce soir pour que nous ayons le temps de manger et d'arriver au théâtre à l'heure, et je déteste manquer les premières scènes d'une pièce.»

Éviter les messages «tu»

Les messages «je» de révélation, de réaction et de prévention sont autant d'expressions de qui on est, de ce qu'on pense, de ce qu'on ressent, de ce qu'on valorise ou de ce dont on a besoin. Ils dévoilent aux autres ce qui se passe en soi et aident à créer un climat de coopération plutôt que de résistance. Ils reflètent la conscience de soi et le désir de la traduire en action. Puisqu'ils expriment une expérience intérieure, ils ne comportent ni jugement ni interprétation des sentiments ou du comportement de l'autre.

Trop souvent, quand on veut communiquer ses sentiments et ses besoins, on emploie des messages qui rabaissent ou qui blâment l'autre personne. Ils sont appelés messages «tu»; ce sont des évaluations de l'autre et des jugements négatifs portés sur lui. Comme ils sont le plus souvent employés pour exprimer la colère, l'embarras, la peur ou encore la peine, ce ne sont absolument pas des messages d'affirmation, car ils n'expriment ni ses sentiments, ni ses besoins, ni ses intérêts propres. Peu importe l'intention, les messages «tu» sont souvent perçus comme une agression et une accusation parce qu'ils disent en réalité: «C'est ta faute!» ou «Tu dois en porter le blâme!» Ils risquent de nuire à la relation en provoquant chez l'autre des sentiments de culpabilité et une perte d'estime.

Comment réagit-on quand on reçoit ce genre de messages «tu»?

«Tu es en retard.»
«Tu es tellement paresseux!»
«Pourquoi es-tu si mesquin?»
«Tu manques de considération.»
«Tu es tellement autoritaire.»
«Tu es désordonnée.»
«Tu es fou!»
«Je ne peux pas croire que tu sois irresponsable à ce point.»
«Tu pourrais mieux faire ta part à la maison.»
«Tu pourrais me demander mon avis avant de prendre des décisions.»

Souvent, on éprouve un choc lorsqu'on découvre à quel point ses conversations habituelles sont remplies de messages «tu». On a toujours eu l'impression de dire franchement ce qu'on pensait! «Culpabiliser quelqu'un, dit-on, c'est bien la dernière chose que je souhaiterais faire. On me l'a assez fait!» Pourquoi, alors, les messages «tu» sont-ils si fréquents?

Tout comme on dit «oui» quand on pense «non», il semble plus facile de s'exprimer en messages «tu». Ils viennent plus aisément à la bouche, parce qu'ils n'exigent pas qu'on prenne conscience de soi et qu'ils permettent de reporter sa responsabilité sur les autres. Ils constituent ainsi une façon facile et impulsive de rendre aux gens la monnaie de leur pièce quand on se sent blessé. Les messages «tu» occasionnent d'autres problèmes:

- ils empêchent la prise en charge de ses propres sentiments;
- ils ne permettent généralement pas d'atteindre le but visé, car ils provoquent chez l'autre personne la résistance et des réactions défensives;

- ils peuvent susciter des discussions destructrices ou des échanges d'injures;
- ils amènent l'autre personne à se sentir rabaissée, critiquée, blessée;
- ils portent souvent l'autre à vouloir rendre la pareille et à se venger;
- ils expriment un manque de respect pour les sentiments des autres.

Parce qu'il est très important d'éviter les messages «tu» dans ses relations, il est avantageux de connaître certains messages «tu» courants et de les comparer à des messages «je» utilisables dans les mêmes situations:

Situation	*Message «tu»*	*Message «je»*
Je voudrais célébrer mon anniversaire en faisant une fête cette année.	Tu ne m'as jamais fait de fête pour mon anniversaire.	J'aimerais vraiment célébrer mon anniversaire en faisant une fête cette année.
Mon conjoint suggère d'aménager la partie libre du sous-sol en salle de jeux.	Comme tu peux être irréfléchi! Tu sais pourtant que j'ai planifié d'y installer ma chambre noire.	Je comptais vraiment sur cet espace pour y installer ma chambre noire.
Un collègue de travail utilise fréquemment la seule salle de conférences de l'entreprise.	Tu n'as pas le droit de monopoliser la salle de conférences.	J'aurai bientôt quelques réunions importantes et j'aurais besoin de la salle de conférences. Ne pourrions-nous pas établir ensemble un calendrier d'utilisation?

Voici quelques points supplémentaires importants à propos des messages «tu». Un message «tu» ne se transforme pas automatiquement en message «je» quand on le précède de: «Je sens» ou «Je pense». Si, par exemple, on dit à son collègue de travail:

> «Je sens que tu manques de considération pour les autres quand tu monopolises l'unique salle de conférences de l'immeuble. Je pense que tu devrais te rendre compte qu'il y a ici d'autres personnes qui travaillent et qui ont aussi besoin d'un endroit pour se réunir.»

Ce message, bien qu'il commence par un «je», signifie en réalité: «Tu manques de considération et tu es peu attentionné; tu te soucies peu des autres.» Ce collègue se sentira froissé, ce qui est bien compréhensible, et ne sera pas d'humeur à offrir sa coopération.

Les messages «tu» peuvent aussi camoufler certaines émotions auxquelles on aurait avantage à faire face honnêtement. Dans le cas de ce collègue, on peut avoir l'impression qu'il jouit de plus de privilèges. À un niveau plus profond, on peut se sentir déprécié et dévalorisé; à un niveau encore plus profond, on peut se sentir personnellement incompétent ou insatisfait de son emploi. Quand on pointe les autres du doigt plutôt que d'examiner ses sentiments véritables, on manque parfois l'occasion de se comprendre soi-même.

Changer de position:
passer du message «je» de prévention à l'écoute active

Comme toutes les formes d'affirmation, le message «je» de prévention comporte aussi des risques réels. On peut aborder un sujet pour lequel l'autre n'est pas préparé et provoquer ainsi une réaction défensive. On peut aussi faire naître un conflit si profond et si vif qu'on devra le résoudre par des procédés de résolution de conflits plus complexes et plus longs. (Le procédé de résolution de conflits en six étapes sera décrit au chapitre 11.)

Quand les autres sentent qu'ils devront peut-être changer de comportement ou s'adapter aux besoins qu'on leur manifeste, il est tout à fait naturel pour eux de résister.

Quand on fait face à une telle réaction, il importe de passer de l'affirmation à l'écoute active.

Un participant rapporte un dialogue où on voit comment il a fait face à la résistance qu'il avait provoquée:

> «Je venais de débuter dans un nouvel emploi et, ne sachant pas très bien quelles responsabilités assumer, j'ai décidé alors d'aller trouver mon patron pour obtenir certaines clarifications.»

Robert:	J'aimerais que nous prenions rendez-vous, il y a des choses dont j'aimerais discuter avec vous. [Message «je» de prévention.]
Le patron:	[Soupir.] Oh! vraiment? Est-ce que ça peut attendre? Est-ce vraiment très important?
Robert:	Vous semblez vraiment dérangé. [Écoute active.]
Le patron:	Je le suis vraiment: j'ai plusieurs articles à écrire, et je dois assister au congrès la semaine prochaine.
Robert:	Vous semblez préoccupé. Craignez-vous de ne pouvoir compléter tout cela? [Écoute active.]
Le patron:	Oui, c'est exact.
Robert:	Je vous comprends. Mais j'ai vraiment besoin de discuter de certaines questions importantes avec vous. J'aimerais qu'on prenne rendez-vous après votre retour. D'accord? [Nouvelle affirmation par un message «je» de prévention.]
Le patron:	D'accord, ce serait parfait. Que diriez-vous du lundi qui suivra mon retour, à la première heure?

Jeanne, une autre participante, décrit ce qui s'est passé le jour où elle a utilisé un message «je» de prévention dans sa famille:

> «J'avais envie de faire partie d'une nouvelle association féminine en train de se former et à laquelle il me faudrait consacrer une bonne partie de mon temps. La réaction de mon mari fut de m'exprimer ses préoccupations immédiates: je n'aurais plus le temps de m'occuper des enfants, de bien tenir la maison, et est-ce que j'aurais du temps pour les

choses dans lesquelles j'étais déjà engagée? J'ai employé l'écoute active pour approfondir ses véritables sentiments et lui permettre de s'apaiser.»

Jeanne:	Tu sembles t'inquiéter que je ne dispose plus d'assez de temps pour mes tâches habituelles.
Son mari:	Oui, c'est ça. Comment vas-tu réussir à t'occuper des enfants?
Jeanne:	Tu es vraiment préoccupé à ce sujet, n'est-ce pas?
Son mari:	Oui, et moi, alors? Trouverons-nous jamais le temps d'être ensemble?
Jeanne:	Je vois que tu te sens menacé par cette affaire.
Son mari:	Oui, je le suis.

«Je l'ai alors rassuré en lui expliquant que lui et les enfants passaient en priorité, et qu'ils ne manqueraient ni de soins ni d'attentions. Puis j'ai réaffirmé mon besoin de faire partie de cette association. Mon mari a alors demandé: "De quoi s'agit-il, au fait?" Je le lui ai expliqué et il m'a répondu: "Eh bien! ça semble intéressant; c'est quelque chose qui te plairait vraiment et à quoi tu aimerais participer." Nous avons alors regardé le calendrier, établi le temps que j'y consacrerais, ce que j'organiserais pour les enfants et d'autres activités que j'avais planifiées. Et ça marche bien.»

Évidemment, il est très important de choisir le moment pour réduire les risques et augmenter l'efficacité des messages «je» de prévention. Plus on retarde le moment de faire savoir aux autres ses besoins importants, plus il devient difficile d'atteindre ce but. C'est pourquoi il est important de discerner ses besoins et ses valeurs, puis de les traduire en actions sans tarder. Les malentendus et les tensions ont tendance à s'accumuler et à empirer avec le temps; il devient alors plus compliqué de les clarifier.

CHAPITRE 6

Modifier l'environnement

Chaque changement de décor est un enchantement.

SÉNÈQUE, *Lettres à Lucilius*

Changer ou réaménager son environnement physique constitue une façon efficace de prévenir les conflits avec son entourage.

Par exemple, on veut lire pour se détendre, et le reste de la famille regarde la télévision ou écoute de la musique. On peut alors choisir d'émettre un message «je» de prévention, mais la solution la plus efficace consiste sans doute à s'installer dans une autre pièce ou à suggérer qu'on déplace la chaîne stéréo ou le téléviseur.

Dans ses relations avec les autres, on oublie fréquemment les effets de l'environnement où on vit. On pense souvent aux conflits en termes abstraits; on écarte ainsi des solutions aussi simples que d'installer une porte pour préserver son intimité, un tapis pour étouffer les bruits incommodants ou une clôture pour mettre les enfants à l'abri des dangers de la circulation et ainsi réduire l'inquiétude des parents.

Modifier son environnement est une façon de s'affirmer: on décide ainsi de prendre en main son milieu de vie au lieu de le subir; on prend l'initiative et la responsabilité d'effectuer les changements appropriés. Il importe évidemment d'être prêt à résoudre les conflits lorsque ces modifications de l'environnement affectent les besoins ou les intérêts des autres. La méthode sans perdant se révèle essentielle dans ces cas.

Voici les huit techniques importantes pour aménager ou modifier son milieu de façon à satisfaire ses besoins et ainsi prévenir ou résoudre les conflits éventuels avec sa famille ou ses collègues de travail:

- Enrichir;
- Agrandir;
- Dégarnir;
- Restreindre;
- Simplifier;
- Organiser;
- Systématiser;
- Prévoir.

Enrichir

Enrichir son environnement signifie y ajouter des objets ou des activités, le rendre plus intéressant et plus stimulant.

Voici quelques suggestions pour enrichir son environnement:

À la maison

- Inviter à dîner des gens qu'on aimerait connaître.
- S'inscrire à des cours intéressants.
- Apprendre de nouveaux jeux de société ou participer à des activités en groupe.
- Avoir des discussions sur des sujets d'intérêt partagé.
- Se procurer des jeux, des livres, des disques, des cassettes.
- Visiter des endroits intéressants ou faire des activités stimulantes pendant les week-ends (aller au zoo, au parc, à la patinoire; faire du vélo ou du camping, etc.).

- Réaliser un projet ensemble; s'adonner à un jardin potager, construire une niche pour le chien, établir la généalogie de sa famille.

Au travail

- Installer un coin repas et pause pour le personnel, avec table et chaises, etc.
- Installer une machine à café ou à thé.
- Fournir ou demander des équipements de bureau modernes.
- Inviter des consultants à donner des conférences et à partager leur expérience.
- Offrir des sessions de formation professionnelle et personnelle.
- Obtenir des équipements et des livres plus récents.
- Accorder ou demander une salle ou un équipement de conditionnement physique pour le personnel.
- Offrir ou solliciter des services de garde d'enfants.
- Disposer des plantes vertes, des illustrations pour rendre le bureau plus attrayant.

Agrandir

Agrandir son environnement signifie en accroître l'accès, augmenter la disponibilité de l'espace, du matériel ou des activités.

Des expériences ont démontré que le fait de vivre dans des espaces restreints entraîne des comportements antisociaux. Plus d'espace et un plus grand accès à l'environnement permettent de diminuer le stress et les tensions.

Voici quelques suggestions pour agrandir son environnement:

À la maison

- Abattre une cloison ou un mur, pour disposer d'une pièce plus spacieuse.

- Aménager une pièce pour travailler, jouer, ranger, etc.
- Remplacer un lit double par un divan-lit.
- Choisir des meubles à usages multiples, par exemple une table sur laquelle on peut manger, coudre et jouer à des jeux de société.
- Choisir des meubles pliants faciles à ranger, par exemple des tables et des chaises pliantes.
- Louer un espace de rangement.

Au travail

- Donner à certains employés plus de place pour travailler.
- Enlever des portes.
- Abattre des cloisons inutiles.
- Louer un espace de rangement extérieur.
- Acheter un équipement de bureau à multiples usages: meuble où on peut dépouiller le courrier, assembler des documents, préparer des envois, etc.
- Utiliser un ordinateur portable.

Dégarnir

Dégarnir son environnement signifie en supprimer des accessoires, des objets ou des activités.

Quand l'environnement est trop stimulant, on peut se sentir submergé par ces demandes et devenir irritable et anxieux.

Voici quelques suggestions pour dégarnir son environnement:

À la maison

- Ne pas répondre au téléphone pendant les repas ou au cours de conversations importantes.
- Réduire le nombre d'activités extérieures: les voyages, les fêtes, les cours, les emplettes.
- Baisser le volume de la radio, de la chaîne stéréo, du téléviseur (ou éteindre).

- Se détendre dans le calme: penser, lire, faire la sieste, converser.
- Désigner certaines pièces pour regarder la télévision, écouter la radio.
- Porter des écouteurs pour écouter de la musique, la radio ou la télévision.

Au travail

- Ne pas prendre de communications téléphoniques pendant les réunions.
- Tenir moins de réunions.
- Placer le photocopieur dans une autre pièce.
- Dans un atelier bruyant, employer des protège-tympans.
- S'arranger pour travailler chez soi ou ailleurs, quand on a besoin d'une période de concentration sans interruption.

Restreindre

Restreindre son environnement signifie en contrôler ou en limiter l'accès; contrôler la disponibilité du matériel, des espaces ou des activités.

Voici quelques suggestions pour restreindre son environnement:

À la maison

- Installer des portes à l'entrée des pièces où on désire jouir d'une plus grande intimité.
- Déterminer ensemble les pièces où on peut manger ou grignoter.
- Mettre les objets précieux hors de portée.
- Mettre hors de portée des enfants et des animaux les produits domestiques dangereux (détersifs, désinfectants, poisons).
- Clôturer la cour, le jardin.
- Installer des barrières aux deux extrémités des escaliers, pour empêcher les jeunes enfants d'y aller.

- Placer des verrous aux portes des clôtures.

Au travail

- Allouer à chaque employé une place pour garer sa voiture.
- Poser des cloisons pour réduire le bruit.

Simplifier

Simplifier son environnement signifie le rendre moins complexe, réduire les activités ou les équipements. Par ces aménagements, on peut éviter des disputes, à la maison comme au travail.

Voici quelques suggestions pour simplifier son environnement:

À la maison

- Ranger les produits d'entretien là où ils sont facilement accessibles à tous.
- Laisser en permanence un bloc-notes et un stylo près du téléphone.
- Mettre un réveille-matin dans chaque chambre.
- Montrer à tout le monde où est rangé le linge de maison: draps, serviettes, couvertures, etc.
- Montrer à chacun comment fonctionnent les appareils ménagers: laveuse, sécheuse, cuisinière, fer à repasser, mélangeur, robot culinaire, etc.
- Installer un répondeur téléphonique pour prendre les messages.
- Organiser du covoiturage.
- Donner ou vendre les vêtements, les meubles qui ne servent plus.

Au travail

- Ranger les fournitures de bureau dans un endroit facilement accessible.
- Remplacer des procédés désuets par de nouvelles techniques: classement, listes d'adresses, etc.

- Montrer au personnel comment se servir correctement des appareils: photocopieur, télécopieur, système téléphonique, etc.
- Jeter ou entreposer les vieux documents, les dossiers périmés, etc.

Organiser

Organiser son environnement signifie y modifier la place des objets ou le calendrier des activités. On peut ainsi améliorer les relations interpersonnelles.

Voici quelques suggestions pour organiser son environnement:

À la maison

- Disposer différemment le mobilier pour jouir d'une plus grande intimité, ou pour aménager un coin-conversation ou un coin-jeux.
- Réaménager la cuisine ou les autres pièces pour les rendre plus fonctionnelles.
- Déplacer l'heure du repas pour regarder en famille son émission préférée à la télévision.
- Réorganiser l'horaire d'une sortie de week-end pour pouvoir amener certains amis.

Au travail

- Regrouper dans le même bureau ou dans le même secteur les personnes qui travaillent souvent ensemble.
- Disposer les chaises en cercle pour les réunions.
- Changer l'horaire d'une réunion pour permettre à tous les employés d'y assister.

Systématiser

Systématiser son environnement signifie le structurer méthodiquement, coordonner les objets et les activités pour parvenir à une plus grande efficacité.

Voici quelques suggestions pour systématiser son environnement:

À la maison

- Centraliser les messages, installer, par exemple, un tableau d'affichage.
- Afficher un gros calendrier où toute la famille peut inscrire ses projets.
- Installer des crochets dans différentes pièces de la maison pour y suspendre vêtements, serviettes, ustensiles, etc.
- Garder à portée de main un répertoire des numéros de téléphone et des adresses des amis et des parents qu'on appelle souvent.
- Garder une feuille de papier pour y inscrire les provisions qui manquent sur la liste d'épicerie, faire de même pour les autres listes d'achats.
- Établir un budget, trouver une façon efficace de noter les dépenses et les revenus.
- Ranger sa bibliothèque par auteur ou par sujet.

Au travail

- Mettre au point de nouvelles méthodes pour classer, prendre des commandes, expédier des marchandises, acheminer du courrier, etc.
- Étaler les horaires pour le repas du midi.
- Partager plus d'information avec les autres employés pour éviter de faire le même travail deux fois.
- Tenir à jour son carnet de rendez-vous.

Prévoir

Prévoir son environnement signifie établir un programme de ses futures activités, faire des réserves; c'est un autre moyen de prévenir des conflits.

Voici quelques suggestions pour prévoir son environnement:

À la maison

- Choisir des plans de remplacement pour les vacances, au cas où le voyage qu'on prévoit avec sa famille se révèle impossible.

- Vérifier avec son conjoint si son emploi du temps le laisse libre avant de réserver des billets.
- Donner à sa famille, et le plus à l'avance possible, une copie de son emploi du temps et de ses plans de voyage.
- Ranger tout ce qui présente un risque avant l'arrivée d'amis qui viennent nous visiter avec de jeunes enfants.
- Noter les dates de fête et d'anniversaire de ses amis et de sa famille dans son agenda, pour penser à leur acheter une carte ou un cadeau.
- Prévenir ses enfants des réceptions ou des sorties que l'on fera.
- Faire des provisions pour les occasions spéciales: vacances, anniversaires, fêtes.
- Garder un peu d'argent dans un tiroir de la cuisine en cas d'imprévu.
- Cacher à l'extérieur de la maison une clé de l'entrée principale.
- Laisser à ses enfants un numéro de téléphone où appeler en cas d'urgence.
- Garder en réserve des aliments congelés qui se préparent rapidement et facilement.
- Prévenir le groupe dont on fait partie qu'on n'assistera pas à la prochaine réunion.

Au travail

- Demander à ses collègues de consulter leurs agendas avant de fixer les dates de réunions importantes.
- Prévenir ses collègues lorsqu'on attend la visite d'un de ses clients au bureau.
- Informer ses collègues des dates où on sera absent: pour le travail ou pour des vacances, etc.
- Confier à l'un de ses collègues le numéro de téléphone des personnes à prévenir, au cas où on aurait un problème urgent: son médecin, son conjoint, l'un de ses enfants, une amie, etc.

- Informer à l'avance ses collègues qu'on n'assistera pas à une réunion prévue.

En modifiant son environnement, on réduit le nombre de problèmes dans ses relations; on augmente aussi la conscience qu'on a du monde dans lequel on vit. On devient tellement familiarisé avec le milieu dans lequel on évolue, au bureau ou à la maison, qu'on ne le voit plus. En décidant consciemment de modifier son environnement, on le perçoit différemment et on entrevoit de nombreuses possibilités de le modifier et de l'adapter à ses besoins et à ceux des autres.

Chapitre 7

À qui appartient le problème?

Ne donne pas de conseil avant qu'on te le demande.

Érasme, *Adages*

Les messages «je» de prévention permettent de traiter les situations avant qu'elles ne se transforment en conflits. On sait cependant que dans les relations, plusieurs problèmes se présentent de façon inattendue et ne peuvent être prévenus. Même les messages de prévention les plus clairs peuvent échouer à attirer la collaboration et le soutien désirés. Ses besoins ne sont pas satisfaits et on a un problème.

Examinons ce qui se passe lorsqu'un enfant, un collègue de travail ou un ami est face à un problème, un besoin insatisfait, une frustration, une peine, un dilemme ou une perte. La situation est alors différente, car c'est l'autre personne qui la vit.

De tels problèmes sont fréquents dans les relations interpersonnelles. En fait, ils sont inévitables. Si on veut maintenir des relations satisfaisantes et enrichissantes, on a donc besoin de procédés particuliers pour les reconnaître, pour les définir clairement et pour les résoudre.

On a cependant besoin d'un large éventail de procédés. Certains fonctionnent seulement avec un type particulier de problèmes. On a donc avantage à choisir le meilleur procédé pour chaque type de problème.

Dans la formation «Communication efficace», on utilise un schéma aidant à déterminer quel procédé ou quel ensemble de procédés s'applique le mieux dans la situation. On appelle ce schéma le «rectangle de comportements». Comprendre ce rectangle aide à organiser sa pensée face aux problèmes rencontrés; il permet de déterminer à qui appartient le problème, et de choisir le procédé pour le résoudre.

Le rectangle de comportements

Pour illustrer ce concept, on dessine un rectangle et on imagine qu'il contient tous les comportements d'une personne avec qui on entretient une relation, en fait tout ce que la personne dit ou fait. Évidemment, cela représente des centaines de comportements; ils sont indiqués dans le rectangle suivant par la lettre C.

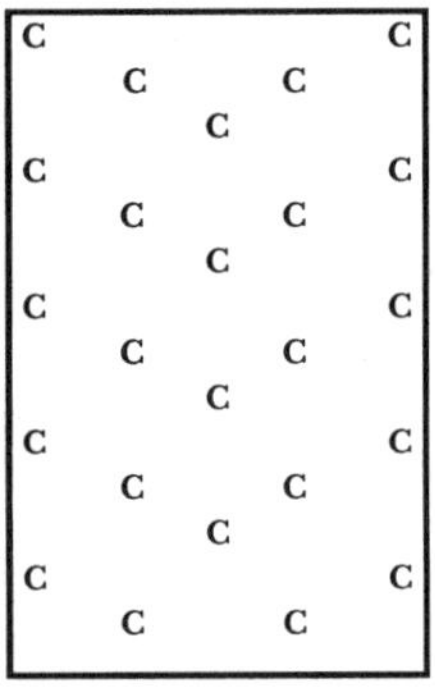

On divise ce rectangle en deux sections: on appelle celle du haut «zone de comportements acceptables» et celle du bas «zone de comportements inacceptables».

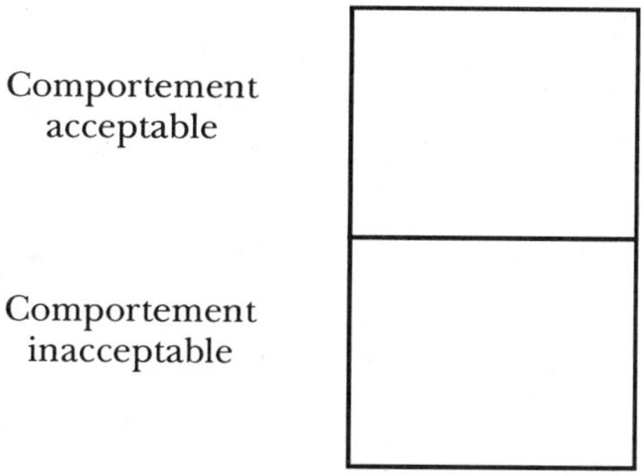

La partie supérieure représente les comportements de l'autre personne qu'on trouve acceptables. Un comportement acceptable en est un face auquel on n'éprouve pas de problème. On accepte ce comportement s'il ne nuit pas à sa propre vie ni à la satisfaction de ses propres besoins. Dans ces moments, on se sent bien (ou neutre) face au comportement de l'autre.

La section inférieure représente les comportements de l'autre personne considérés comme inacceptables. Un comportement inacceptable en est un face auquel on éprouve un problème, qui interfère avec sa propre vie ou avec ses efforts de satisfaire ses besoins, et face auquel on se sent irrité, effrayé, mal à l'aise, furieux ou inquiet.

Facteurs qui influencent ses sentiments face au comportement de l'autre

Certaines personnes sont plus acceptantes que d'autres. Les gens qui parviennent à satisfaire pleinement leurs besoins personnels (et qui s'acceptent) sont habituellement plus tolérants envers les autres que les gens malheureux ou insatisfaits de leur vie. Indépendamment de ses capacités, l'acceptation du comportement des autres varie constamment et est influencée par trois facteurs: soi, l'environnement et l'autre personne.

Soi

Son humeur, son état physique et mental peuvent influencer remarquablement son attitude envers un comportement. Supposons qu'on ait passé une matinée merveilleuse: on se sent vraiment heureux et, le patron nous demandant de faire un travail urgent, on acquiesce de bonne grâce. Si on s'est levé avec un mal de tête lancinant, on trouve probablement ce travail urgent inacceptable. Si on se sent bien, le comportement du patron se situe dans la zone de comportements acceptables; si on se sent mal, le même comportement tombe dans la zone de comportements inacceptables. L'illustration suivante le démontre:

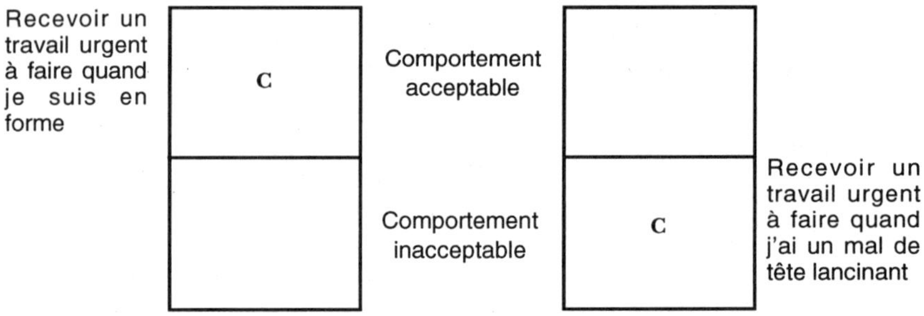

L'environnement

Le moment et l'endroit sont aussi déterminants de l'acceptation. On peut trouver tout à fait acceptable que son enfant se promène à bicyclette dans les rues paisibles de son quartier, mais inacceptable qu'il se promène dans les rues où la circulation est dense. Au travail, on peut trouver acceptable qu'un collègue parle de sa séparation pendant un repas, mais tout à fait inacceptable qu'il le fasse durant les heures de travail.

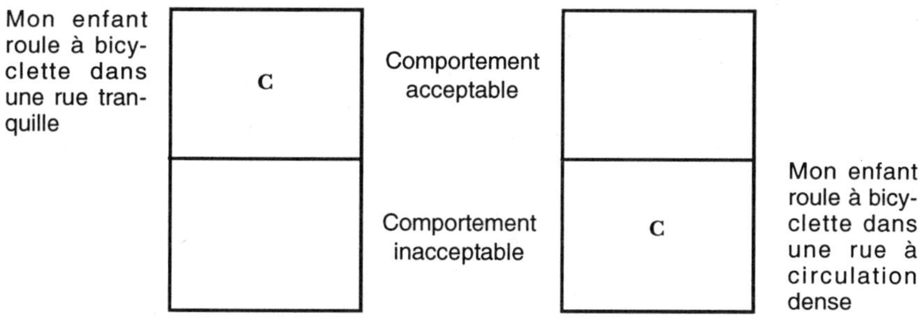

L'autre personne

Ce qu'on ressent face à un comportement est inévitablement influencé par ce que représente l'autre personne et par les sentiments qu'on éprouve à son égard. La réaction qu'on a face à chaque personne se compose d'un amalgame complexe d'impressions, de sensations, d'expériences antérieures, de jugements rapides, de valeurs profondément enracinées, d'appréciations réfléchies, de partis pris, de préjugés, de stéréotypes et de préférences. Si on classe quelqu'un dans une catégorie (idiot, intellectuel, extraverti, misogyne, solitaire, libertin, profiteur), on peut en être affecté négativement ou lui accorder immédiatement son approbation. Cela signifie qu'on aime mieux certaines personnes que d'autres. Manifestement, on peut considérer un même comportement comme acceptable chez une personne et comme inacceptable chez une autre.

Si un ami intime appelle à un moment inopportun, on trouvera probablement cela acceptable; on mettra même de côté ses occupations pour lui parler. Par contre, si une personne qu'on n'aime pas appelle lorsqu'on est occupé, on trouvera ce geste beaucoup moins acceptable; il y a de fortes chances qu'on coupe court à cette conversation.

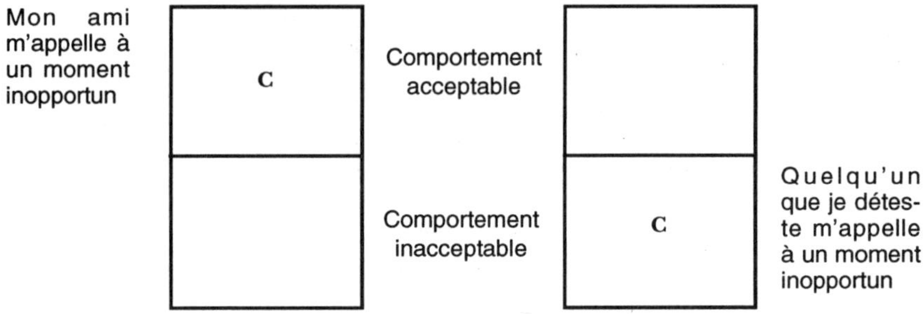

Ces trois sources d'influence — soi, l'environnement et l'autre personne — changent, interagissent de façon très variable et déterminent alors ce qu'on juge acceptable et inacceptable. Ainsi, la ligne qui divise les deux zones bouge continuellement vers le haut ou vers le bas.

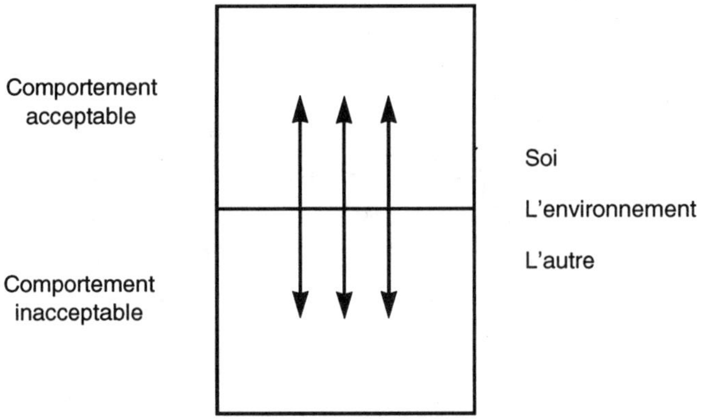

À qui appartient le problème?

Le rectangle de comportements est un outil pour expliquer un autre concept important, à savoir à qui appartient le problème.

Cette idée peut sembler étrange de prime abord. On pense souvent que les problèmes existent «en dehors» de soi: chez les autres, dans l'environnement, dans les circonstances, dans le système. Quand on dit «appartient», on pense plutôt à des objets tangibles, comme une maison, une voiture, un téléviseur. Comment un phénomène humain aussi intangible qu'un problème peut-il «appartenir» à quelqu'un? Et pourquoi est-il important de voir les problèmes sous cet angle?

Déterminer à qui appartient un problème est primordial, surtout si on a tendance à résoudre les problèmes de tous et chacun — ceux de son conjoint, de ses parents, de son patron et surtout ceux de ses enfants —, à un point tel qu'on considère souvent les problèmes des autres comme s'ils étaient les siens propres. On a tendance à perdre de vue que chacun a des besoins et des buts uniques et distincts de ceux des autres. Il serait utile ici de voir plus clairement à quoi sert la question «À qui appartient le problème?» et de comprendre en quoi la réponse peut être utile dans les relations.

Quand il n'y a pas de problème dans la relation

Jusqu'à maintenant, on a traité seulement du comportement des autres qu'on trouve acceptable; le comportement de l'autre se situe alors dans la zone supérieure du rectangle, la zone de comportements acceptables. On accepte le comportement de l'autre parce qu'il n'entrave pas notre vie, qu'il ne nous crée aucun problème. On peut alors agir efficacement pour satisfaire ses besoins. On nomme alors la partie supérieure du rectangle «zone sans problème».

Voici quelques exemples de comportements se situant dans la zone supérieure:

- J'ai une discussion passionnante, stimulante avec mon conjoint.
- Les enfants jouent calmement... pendant que je lis un livre.
- Je travaille avec mon collègue de façon productive et satisfaisante.

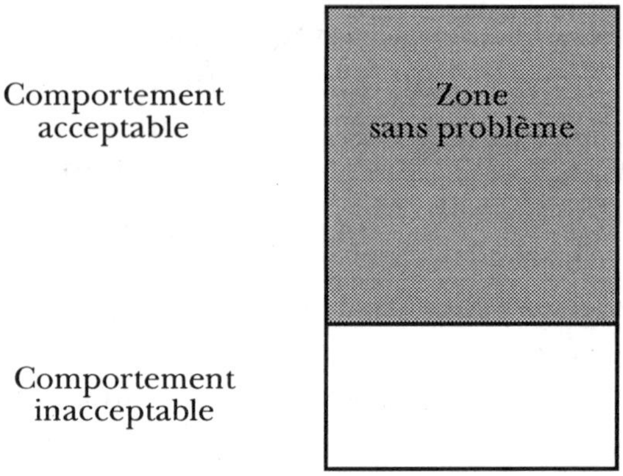

Quand le comportement de l'autre se situe dans la zone supérieure du rectangle, on est libre de poursuivre ses propres buts ou, dans une conversation, d'exprimer ses idées, ses opinions, ses désirs, ses besoins. Comme on accepte l'autre, on est probablement dans des dispositions favorables pour l'écouter et le comprendre. On se sert alors de tous les procédés présentés précédemment: les messages «je» de révélation, de réaction, de prévention et le changement de position en écoute active.

Quand on a le problème

Chaque fois que le comportement de l'autre personne empêche (ou a déjà empêché) de satisfaire ses besoins, on devient préoccupé, bouleversé, inquiet ou furieux, on n'accepte pas le comportement de l'autre; on a donc soi-même le problème. Dans le rectangle de comportements, cette zone se situe en dessous de son niveau d'acceptation, celle où «j'ai le problème».

Voici quelques exemples de situations dans lesquelles on a soi-même le problème:

- La personne avec qui je partage le bureau fume beaucoup et je suis fortement incommodé par la fumée.
- J'ai été retenu par mon superviseur et j'ai ainsi manqué mon rendez-vous chez le dentiste, que je dois payer de toute façon.

- Ma fille fait jouer son appareil stéréo si fort que je trouve difficile de me concentrer.

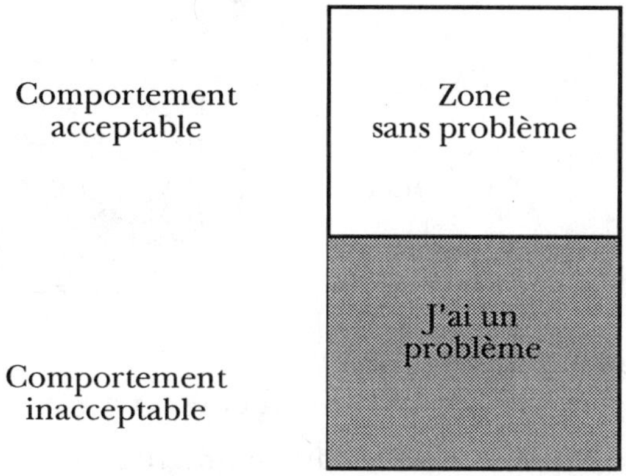

On est alors empêché de satisfaire ses besoins; on aimerait bien que l'autre modifie son comportement, car on le trouve inacceptable. Pour résoudre ce problème, on a besoin de prendre l'initiative.

Un procédé efficace pour augmenter ses chances de voir l'autre personne changer est la confrontation, c'est-à-dire une affirmation forte et expressive. Décider de confronter les autres lorsqu'ils nuisent à la satisfaction de ses besoins est une façon efficace d'assumer la responsabilité de résoudre ses propres problèmes.

Quand chacun a un problème

Quelquefois, il devient évident qu'on a un problème, et que l'autre personne en éprouve un également. On dit alors qu'il y a conflit ou que le problème appartient à la relation. Chacun éprouve des sentiments d'inacceptation et d'insatisfaction face à l'autre. Il devient évident qu'un conflit existe quand l'un exprime ses besoins insatisfaits ou confronte l'autre personne. De tels conflits se situent dans la partie inférieure du rectangle.

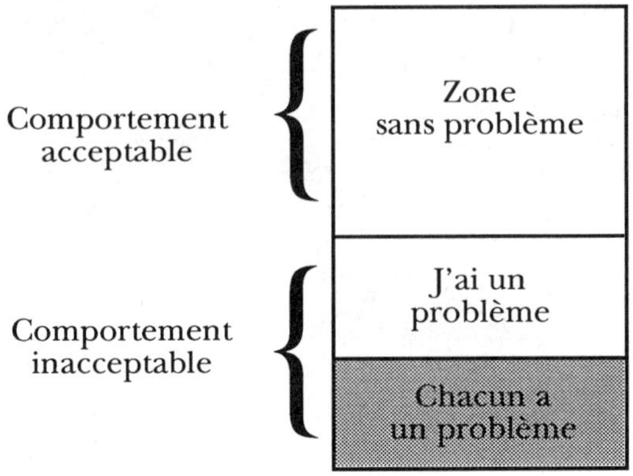

En voici quelques exemples:

- Mon conjoint veut un enfant et je n'en désire pas.
- J'estime que je mérite une augmentation et mon patron n'est pas d'accord.
- Mon enfant veut avoir un animal domestique, il y tient beaucoup et je n'en veux pas.

Dans de telles situations, on a recours au procédé de résolution de conflits et de traitement des collisions de valeurs, que nous décrirons aux chapitres 11 et 12.

Quand l'autre personne a le problème

C'est l'autre qui a le problème lorsqu'il se sent malheureux ou insatisfait dans sa propre vie, tout à fait indépendamment de soi. Ce comportement n'ayant pas d'effet véritable ou tangible sur soi, on peut l'accepter. On peut vouloir aider l'autre personne ou non. Toutefois, comme on n'a pas le problème, on peut en rester dégagé.

Voici quelques exemples où l'autre personne a le problème:

- Ma fille éprouve des difficultés dans son travail scolaire.
- Mon mari va bientôt prendre sa retraite et s'inquiète des façons dont il utilisera son temps.
- Mon ami n'est pas satisfait de son emploi.

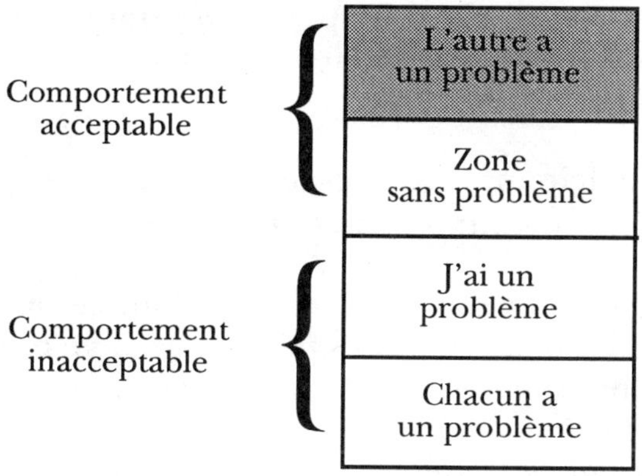

On peut se sentir libéré quand on laisse à l'autre personne le problème qui lui appartient. Cela signifie qu'on n'a pas à assumer la responsabilité de résoudre les problèmes de l'autre. Voici des raisons pour lesquelles on a avantage à laisser le problème à la personne qui l'éprouve:

- On est soulagé de l'impression de devoir posséder toutes les réponses.
- On permet aux autres de résoudre leurs propres problèmes, ce qui les aide à développer leur autonomie, leur sens des responsabilités et leur confiance en leurs propres perceptions et en leur jugement.
- Assumer la responsabilité de sa propre vie, de ses besoins et de ses problèmes implique, en contrepartie, de reconnaître aux autres cette même liberté.
- Les solutions qu'on trouve valables pour soi ne sont souvent pas ce qu'il y a de mieux pour l'autre personne.
- Donner aux gens des solutions à leurs problèmes comporte le risque d'être blâmé si elles se révèlent inefficaces.
- Il est difficile de savoir ce qui se cache sous un problème présenté par une autre personne. Si on propose immédiatement ses propres solutions, on peut empêcher l'autre de prendre conscience d'un sentiment ou d'un problème plus profond.

- Prendre en charge les problèmes d'un autre et lui offrir des solutions peut rendre cette personne de plus en plus dépendante de soi.

Des participants ont reconnu leur tendance à résoudre les problèmes des autres en ces termes:

> «Les gens sont souvent surpris lorsque je ne règle pas les problèmes pour eux, alors que j'avais l'habitude de le faire; maintenant, je les aide plutôt à déterminer eux-mêmes à qui appartient le problème et je les laisse décider ce qu'ils veulent faire à ce sujet.»

> «J'ai toujours eu l'impression que les parents devaient avoir des réponses toutes prêtes pour aider leurs enfants à résoudre leurs problèmes; je me rends compte que c'est une erreur de ne pas les laisser résoudre leurs propres problèmes. Mieux vaut leur donner la liberté de s'exprimer, mais aussi leur fournir un certain soutien.»

Au chapitre 13, nous verrons comment aider activement une personne à résoudre ses propres problèmes sans proposer de solutions, ni donner de conseils, ni lui en enlever la responsabilité.

Différents procédés pour différents problèmes

Le rectangle de comportements illustre sa relation avec une personne en particulier. On y trouve les problèmes qui peuvent survenir et un aide-mémoire pour déterminer quand le problème appartient à soi, à l'autre ou à chacune des deux personnes. La question «À qui appartient le problème?» revêt une importance primordiale, car certains procédés sont appropriés quand le problème m'appartient, d'autres quand le problème appartient à l'autre et d'autres encore quand le problème appartient à l'un et à l'autre. La liste suivante met en relief les quatre situations auxquelles correspondent des actions particulières et le recours à différents procédés.

Quand ni l'un ni l'autre n'a de problème

On utilise des procédés d'affirmation: messages «je» de révélation, de réaction, d'appréciation et de prévention.
On passe à l'écoute active pour comprendre le point de vue et la réaction de l'autre et pour lui permettre de s'exprimer.
Chacun est productif et satisfait.
Chacun satisfait ses besoins.

Quand l'autre a le problème

On utilise des procédés d'aide.
On laisse à l'autre la responsabilité de satisfaire ses besoins.
L'autre prend l'initiative de la communication.
On est un consultant.
On veut aider l'autre.
On est un miroir.

Quand on a le problème

On utilise des procédés de confrontation.
On prend la responsabilité de satisfaire ses besoins.
On prend l'initiative de la communication.
On est un agent d'influence.
On veut s'aider soi-même.
On veut s'exprimer.

Quand chacun a un problème

Chacun s'affirme et confronte l'autre.
Chacun a avantage à écouter adéquatement les sentiments de l'autre.
Chacun a avantage à être sensible aux besoins de l'autre.
Chacun s'engage dans le processus de résolution du conflit.
Chacun prend la responsabilité de suggérer des solutions.
Chacun doit trouver la solution finale acceptable.

CHAPITRE 8

Quand on a soi-même le problème

Il existe un moyen de ne pas se sentir impuissant
et de ne pas se laisser manipuler, c'est de s'affirmer.
Cette attitude stimule à la fois la confiance en soi et le respect des autres.

ALBERTI et EMMONS, *S'affirmer*

La colère refoulée peut empoisonner une relation
aussi sûrement que les mots les plus cruels.

JOYCE BROTHERS

... Peut-être n'avons-nous pas pleinement compris
que la colère est une émotion secondaire masquant la peine.
(La juste indignation est un sentiment agréable... la peine, ne l'est pas.)

CHARLOTTE PAINTER

- Ma femme m'interrompt sans cesse en public.

- Un de mes collègues prend quelquefois des décisions unilatérales concernant des situations qui m'affectent.

- Un ami m'a emprunté de l'argent et a convenu de me le rembourser, mais il ne me l'a toujours pas remis.

- Ma collaboratrice arrive souvent en retard.

- Mon patron s'absente souvent, même pour la journée entière, sans m'en informer.
- Mon enfant ne rentre pas de l'école à l'heure prévue.

Dans toutes ces situations, l'autre s'est déjà comporté d'une telle façon qu'on peut difficilement satisfaire ses propres besoins ou ses droits, on trouve donc son comportement inacceptable.

Évidemment, les messages «je» de prévention ne conviennent pas lorsqu'on vit déjà un problème causé par le comportement de l'autre. Dans ce cas, le procédé d'affirmation approprié devient le message «je» de confrontation.

Le message «je» de confrontation offre un moyen constructif d'exprimer ses sentiments négatifs. Bien qu'il ressemble aux autres formes d'affirmation (il est authentique, cohérent et direct), il est cependant quelque peu différent et plus complexe, car on confronte l'autre au sujet des effets négatifs qu'on éprouve face à ce comportement.

Les messages «je» de confrontation

Quand le comportement d'une autre personne empêche (ou a empêché) de satisfaire ses besoins, on a soi-même le problème. On a alors besoin d'émettre un message «je» plus fort que ceux qu'on a présentés jusqu'à maintenant. On veut mettre en relief ses sentiments négatifs et ses besoins insatisfaits. Et on a comme but ultime de changer la situation pour satisfaire ses besoins.

Une confrontation efficace reconnaît les droits et les besoins de l'autre aussi bien que les siens; on veut alors, idéalement, communiquer que:

- On aimerait satisfaire ses besoins, si possible par un changement du comportement de l'autre personne.
- On veut préserver chez l'autre personne l'estime de soi.
- On veut maintenir la relation.

La possibilité que l'autre soit disposé à changer son comportement augmente de beaucoup si le message «je» de confrontation contient les éléments suivants:

- Les sentiments qu'on éprouve.
- Le comportement de l'autre face auquel on a un problème.
- Comment on est affecté par son comportement.

Un message «je» de confrontation contient ces trois éléments. Voici chacun d'eux décrits en détail.

Exprimer ses sentiments

Pour accroître les possibilités que l'autre change son comportement, il a intérêt à savoir ce qu'on éprouve à ce sujet. Il n'est pas facile d'exprimer ses sentiments dans des messages «je» de confrontation, car on retient ses sentiments désagréables puisqu'on a souvent appris à les garder pour soi. Mais si on essaie de les contenir, on émet alors des messages ambigus et confus, et il est fort probable que son inacceptation transparaisse.

Quand on exprime ses sentiments par des messages «je», on a avantage en tout premier lieu à être précis et descriptif. Ces messages ont aussi intérêt à traduire l'intensité de ses émotions le plus fidèlement possible. Si on est vraiment furieux, il n'est pas approprié de se retenir et d'exprimer qu'on est légèrement irrité. («Ça n'a pas vraiment d'importance» ou «J'espère que ça ne t'embêtera pas trop, mais...») Atténuer ses sentiments ne fournit pas aux autres l'information nécessaire pour qu'ils comprennent à quel point on est affecté par leur comportement. Exagérer ses émotions est également trompeur. Si on montre plus de colère qu'on en ressent, simplement pour gagner son point, on émet un message qui peut être perçu comme une réaction excessive. L'autre personne, ne sachant pas trop où on se situe vraiment, sera peu portée à changer et conclura que, dorénavant, elle ne pourra plus se fier à l'authenticité des sentiments qu'on démontre.

Il est important de saisir clairement l'émotion qu'on éprouve et de s'assurer que le sentiment qu'on exprime est le sentiment véritable. Parce que les sentiments se manifestent à différents niveaux, il est souvent difficile de les identifier clairement. La colère, qui est sans doute le sentiment le plus fréquent dans les confrontations, est souvent le sous-produit d'un autre sentiment qui reflète un besoin plus fondamental.

La colère constitue souvent une façon de se venger, de rendre à l'autre la monnaie de sa pièce quand on se sent blessé. C'est souvent un sentiment secondaire qui masque des sentiments plus profonds, plus subtils, tels que la peur, la crainte d'être rejeté, la peine ou l'embarras. On trouve souvent plus facile d'exprimer de la colère envers les autres que de leur laisser savoir à quel point on est vulnérable, à quel point on a peur, on est blessé, on se sent rejeté par ce que l'autre a fait ou a dit.

Par exemple, on attend sa conjointe qui tarde à rentrer du travail, ce qui est inhabituel; on s'inquiète, on craint qu'elle ait eu un accident d'auto; quand elle rentre enfin et qu'elle était allée prendre un verre avec une collègue, il ne serait pas étonnant qu'on explose: «Pourquoi ne m'as-tu pas téléphoné? Comment peux-tu avoir si peu de considération pour moi?» Ce message n'exprime pas son sentiment plus fondamental: la peur. Un message plus authentique ressemblerait à ceci: «J'avais vraiment peur qu'il ne te soit arrivé malheur. Je suis tellement content que tu sois de retour à la maison saine et sauve!»

Non pas qu'on ne puisse jamais exprimer cette colère; en fait, donner libre cours à ses sentiments de colère peut aider à entrer en contact avec ses sentiments plus profonds. Une fois que la colère est extériorisée, il est plus facile de concentrer son attention sur sa peine et son inquiétude.

La colère est une réaction normale lorsqu'on est empêché de satisfaire ses besoins. Nombre de personnes connaissent cette situation, en partie à cause de stéréotypes d'ordre culturel, de restrictions de mesures discriminatoires.

On a appris que la colère est mauvaise en soi et qu'on ne devrait pas éprouver un tel sentiment, et si on en éprouve, on ne devrait certainement pas l'exprimer. Parce que les gens réagissent si fortement à la colère et aux autres sentiments négatifs, on a tendance à les refouler. Cependant, comme on ne peut pas nier ces sentiments, on doit y faire face d'une manière ou d'une autre. Voilà pourquoi on communique si souvent de façon indirecte plutôt que d'affronter les conséquences d'une confrontation ouverte.

Parmi les façons de liquider sa colère, voici quelques moyens détournés qu'on utilise fréquemment:

- Tomber malade — avoir des maux de tête, faire des crises d'asthme.
- Être déprimé, s'ennuyer, être inquiet, anxieux.
- Faire des remarques sarcastiques.
- Se replier sur soi.
- Se plaindre à une tierce personne.
- Rabaisser, critiquer, ridiculiser, blâmer les autres.
- Appliquer aux autres la «politique du silence».
- Saboter les efforts des autres quand ils essaient de satisfaire leurs besoins.

On sait également que, quand on ne parvient plus à contenir sa colère, on s'emporte et on explose. Puisque c'est souvent la seule expérience qu'on a de la colère, il n'est pas étonnant qu'on craigne de l'exprimer. Toutes ces réactions sont destructives et inefficaces pour soi-même, et nuisent à ses relations avec les autres. Elles n'aident pas à assumer la responsabilité de ses sentiments. Exprimer sa colère par des moyens détournés demande une grande quantité d'énergie, tant physique que mentale, qu'on utiliserait mieux en l'affrontant directement. À long terme, on nuit beaucoup plus à ses relations en refoulant sa colère ou en la manifestant indirectement qu'en l'exprimant ouvertement.

Il est essentiel de développer une nouvelle façon de concevoir et de traiter la colère. Pour commencer on a intérêt à:

- Reconnaître et accepter sa colère.
- Se permettre de la ressentir.
- Apprendre à l'exprimer par des façons qui ne nuisent pas à ses relations privilégiées.
- Être en meilleur contact avec les sentiments sous-jacents à la colère.

On n'a pas avantage à avoir peur de sa colère ni à la considérer comme anormale ou malsaine. On a le droit d'éprouver de la colère quand ses besoins sont frustrés. Apprendre à l'accepter comme une émotion ou une réaction valable est la première étape pour se réconcilier avec celle-ci. C'est seulement quand on l'aborde de cette façon qu'on peut commencer à la comprendre, à l'explorer et à évoluer avec elle. Quand on ne l'exprime pas ouvertement et franchement, elle devient emmêlée inextricablement avec tous les autres sentiments négatifs.

À mesure qu'on développe le courage d'exprimer sa colère avec authenticité et sans blâmer les autres, on découvre que beaucoup d'autres sentiments sont en jeu. La colère est seulement le plus évident de ces sentiments, le plus près de la surface. On ne peut jamais découvrir, expérimenter et intégrer les autres sentiments négatifs sous-jacents — et plusieurs sentiments positifs qui en découlent — jusqu'à ce qu'on ait le courage d'exprimer sa colère.

Bien sûr, il est difficile d'exprimer sa colère dans une relation, ce n'est pas une expérience agréable pour l'un et pour l'autre, mais cela vaut bien mieux que de l'accumuler, et ainsi tomber malade, faire des dépressions, se sentir constamment irrité, et finir par nuire à ses relations et les détruire, alors qu'on pourrait parler, négocier et parvenir à une meilleure compréhension.

Évidemment, on n'éprouve pas toujours de la colère lorsqu'on a un problème face au comportement de quelqu'un. Quand on est frustré dans ses besoins ou qu'on sent une menace à leur satisfaction, on peut éprouver une grande diversité de sentiments: peur, chagrin, souci, déception, regret, peine, rejet, embarras, jalousie, contrariété, agacement ou irritation. La clé d'une communication claire de tels sentiments est sa capacité de les identifier et de les exprimer sous forme de messages «je»:

«Je suis vraiment déçu.»

«J'ai peur.»

«Je m'inquiète.»

«Je suis contrarié.»

Quand on commence sa confrontation par de tels messages «je», on s'affirme vraiment: on révèle ce qu'on vit dans son for intérieur au lieu de blâmer l'autre du problème qu'on éprouve, comme dans les messages «tu» suivants:

«Tu m'as vraiment déçu.»

«Tu m'as fait peur.»

«Tu m'inquiètes.»

«Tu me contraries.»

Voici une situation où on éprouve des sentiments négatifs parce que le comportement de l'autre nuit à la satisfaction de ses besoins. On utilisera cet exemple pour illustrer comment émettre un message «je» de confrontation efficace, composé de ses trois éléments.

On a établi une entente pour partager un bureau avec un collègue avec qui on travaille en étroite collaboration à un projet important. On découvre très vite que ce collaborateur passe beaucoup de temps au téléphone à discuter d'affaires personnelles et familiales. On se rend compte qu'il éprouve de graves problèmes familiaux. On essaie d'accepter son comportement. Cependant, on devient de plus en plus irrité quand on voit que les conversations téléphoniques de ce collègue empêchent qu'on se concentre. On se voit ainsi contraint d'assumer plusieurs de ses tâches en raison du temps qu'il consacre à ses fréquentes conversations personnelles.

On peut commencer son message «je» comme suit:

«Je m'inquiète parce que...»

«Je me sens réellement frustré et contrarié.»

«J'ai peur que...»

«Je suis choqué...»

Décrire le comportement face auquel on a un problème

Cette partie du message «je» de confrontation décrit simplement le comportement inacceptable de l'autre: ce qu'il fait et face à quoi on se sent contrarié, et non une étiquette ou un jugement qu'on attribue à ce comportement. Quand le comportement d'une autre personne empêche de satisfaire ses besoins, on est souvent tenté de la rabaisser avec des messages «tu» de blâme. Comme on l'a dit, les messages «tu» mettent l'autre sur la défensive, l'irritent et le choquent; on a ainsi moins de chances de l'influencer à changer son comportement.

Voici quelques descriptions de comportements sans blâme comparées à des messages «tu»:

Description sans blâme du comportement	*Messages «tu» comportant un jugement*
Ma femme m'interrompt.	Tu n'as aucune considération pour moi.

Mon enfant n'arrive pas de l'école à l'heure et n'appelle pas.	Tu es irresponsable.
Un de mes collègues prend des décisions qui m'affectent sans me consulter.	Tu ne te préoccupes pas de moi ou de mes opinions.

Dans le cas du collègue qui passe beaucoup de temps au téléphone, il sera probablement inefficace de lui dire: «Je suis frustré et irrité parce que tu me manques de considération.» Mieux vaut lui dire tout simplement ce qu'il fait et qui me nuit: «Je suis frustré et irrité quand tu passes tant de temps au téléphone.» Voici ce qui est en jeu: on veut amener l'autre à modifier son comportement, et non le punir, le culpabiliser ou l'embarrasser. Ce qu'on cherche, c'est poursuivre son travail et aussi préserver sa relation. Décrire tout simplement son comportement inacceptable donne de bien meilleures chances de succès qu'un message de critique qui l'amènerait à se défendre ou à résister.

Expliquer en quoi on est affecté par ce comportement

Le troisième élément d'un message «je» de confrontation efficace est une explication honnête des conséquences du comportement de l'autre sur soi. De quelle façon est-on affecté par ce comportement ou comment nuit-il à sa vie?

- Cela peut encourir des dépenses de temps, d'énergie, ou d'argent qu'on préférerait consacrer à autre chose.
- Cela peut empêcher de faire quelque chose qu'on veut faire.
- Cela peut avoir des effets sur soi-même tels que produire un inconfort physique, apporter du travail supplémentaire, occasionner de la fatigue, causer des blessures ou des malaises.

Ce sont des conséquences tangibles et concrètes, des effets que l'autre peut facilement comprendre. Les conséquences intangibles se manifestent plutôt sous forme de sentiments qu'on éprouve, cela comprend par exemple: l'inquiétude, la peur, l'anxiété, l'embarras, ou la déception.

L'autre sera plus enclin à changer son comportement si on lui dit en quoi on est affecté; il est donc particulièrement important de mentionner ces effets tangibles. La plupart des gens peuvent comprendre et accepter cette information. D'autre part, quand on expose uniquement des effets intangibles, on peut parfois récolter des dénis tels que:

«Tu t'inquiètes toujours de tout!»

«Cesse d'avoir peur!»

«Je ne vois pas pourquoi tu serais déçu!»

«Tu t'énerves pour rien!»

Quand on dit à son collègue, qui passe beaucoup de temps au téléphone: «Je suis frustré et contrarié quand tu passes autant de temps au téléphone, *parce que je ne peux pas me concentrer et que ça ralentit considérablement mon travail»,* il sait clairement comment on est affecté par son comportement et cela augmente de beaucoup la probabilité qu'il modifie ce comportement.

Voici encore quelques exemples de messages «je» de confrontation efficaces, avec leurs trois éléments:

À sa femme:	Je me sens blessé quand tu me coupes la parole, car je ne peux pas finir d'expliquer mon point de vue et j'aimerais que tu écoutes ce que j'ai à dire jusqu'au bout.
À son collègue:	Je suis furieux de n'avoir pas été consulté à propos de ces augmentations de prix. Parce que ça affecte mon département et mon revenu.
À un ami:	Je suis choquée que tu ne m'aies pas remboursé tel que nous en avions convenu, parce que je comptais sur cet argent pour autre chose.

À son adjoint:	Je suis vraiment irritée quand tu ne fais pas le travail tel que promis, parce que c'est moi qui me fait incommoder par le client.
À son patron:	Je suis agacé et frustré quand tu ne me dis pas où tu seras, parce que je ne peux pas planifier le travail que je fais pour d'autres membres du personnel.
À son enfant:	Je suis inquiet quand tu ne rentres pas à l'heure de l'école, je n'arrive plus à me concentrer sur mon travail.

Voici comment un participant décrit les résultats qu'il a obtenus avec un message «je» de confrontation:

> «À Noël l'an dernier, nous avons trop dépensé et nous avons eu beaucoup de difficulté à régler les paiements de nos cartes de crédit jusqu'au mois de mai. Plusieurs fois, j'ai dit à ma femme que je ne souhaitais pas que ça se reproduise. "Je ne veux vraiment pas me retrouver dans cette même situation parce que je me sens très coincé quand nous ne pouvons même pas nous permettre de régler le paiement minimum pour la carte de crédit, et je sais que ça prendra plusieurs mois avant que ça s'améliore." Cet automne, nous avons établi un budget en déterminant en gros combien d'argent nous pouvions dépenser pour la famille et les amis et nous nous sommes rendus compte que nous devions faire des changements importants dans notre façon de donner des cadeaux pour ne pas dépasser notre budget. Je sens que je contrôle beaucoup mieux la situation. Nous avons vraiment constaté que ce que nous désirions faire n'était pas raisonnable selon notre budget et nous avons changé nos priorités. Cela nous a beaucoup étonnés de voir à quel point nos attentes étaient loin de la réalité.»

Si le message «je» de confrontation fonctionne, il y a pour cela trois bonnes raisons: l'autre se soucie, dans une certaine mesure, de la façon dont on est affecté par son comportement;

il devient convaincu que son comportement a un effet (tangible ou intangible) sur soi; l'autre personne n'éprouve pas un besoin très fort de poursuivre son comportement ou peut le satisfaire d'une autre manière. Autrement dit, si on réussit à amener l'autre à s'intéresser à soi, à comprendre son problème et à saisir ses besoins, sans pour autant qu'il se mette sur la défensive, ou se sente manipulé, il sera probablement disposé à modifier son comportement pour collaborer.

Ce nouveau comportement peut correspondre exactement à ce qu'on avait espéré ou bien prendre une forme inattendue. Si on comptait faire la sieste et que ses enfants poursuivent une discussion très animée, leur exprimer un message «je» de confrontation peut les inciter à abandonner volontairement la discussion et à aller jouer chacun de son côté, ce qu'on escomptait. On peut aussi être surpris de les voir trouver une solution de leur cru: aller dehors, pour pouvoir continuer à discuter sans déranger.

Quand on voit qu'une solution inattendue satisfait ses besoins sans créer de nouveaux problèmes, on a avantage à l'accepter et à encourager de tels comportements à l'avenir. Si on voit que la solution ne satisfait pas ses besoins, on est encore libre de la refuser, mais en reconnaissant l'initiative et la prévenance de l'autre.

Voici en quels termes un participant décrit son expérience avec les messages «je» de confrontation:

> «Je suis gérant dans une compagnie d'assurance et j'ai six agents sous ma supervision. J'ai toujours détesté la confrontation, ou bien je n'arrivais pas à faire passer mon point de vue, ou bien je mettais tout simplement mes employés en colère. Le procédé des messages «je» que j'ai appris dans cette formation m'a aidé énormément. Je m'exprime maintenant ouvertement et franchement et mes agents m'en tiennent moins rigueur quand je les confronte.»

Un autre participant décrit une situation où il a confronté un gérant de crédit:

«J'ai demandé un prêt dans une caisse où je suis membre depuis plusieurs années. Avec la demande de prêt, j'ai fourni une liste des biens que j'offrais en garantie. Ma demande a été refusée. J'ai envoyé au gérant une lettre contenant un message "je" que j'ai formulé à peu près comme ceci: "Je suis mal à l'aise de vous écrire cette lettre, mais j'ai l'impression de ne pas être traité équitablement quand vous refusez ma demande de prêt, parce que je suis membre de cette caisse depuis dix ans et j'ai toujours remboursé mes emprunts. Je me sens très mal en tant que membre quand on refuse ainsi ma demande." Quatre jours plus tard, le responsable des prêts m'a téléphoné et m'a dit: "Je ne sais pas ce qui s'est passé, mais le gérant m'a appelé et m'a dit que votre prêt était approuvé, de plus nous n'aurons pas besoin de vos biens en garantie, votre signature suffira amplement."»

La confrontation peut parfois mettre la relation à l'épreuve, surtout si les sujets de conflit ont été évités depuis quelque temps. Mais le résultat final comportera sans doute une amélioration. Une participante à notre formation évalue en ces termes sa confrontation avec sa belle-mère:

«Mon respect de moi-même s'est développé; les sentiments de colère que je dissimulais ont diminué. Nous en sommes arrivées à nous éloigner, mais cette situation me semble de beaucoup préférable à l'hostilité latente que je retenais pendant toutes ces années.»

Changer de position pendant la confrontation

Lors d'une confrontation, on a aussi avantage à changer de position dès qu'on sent que l'autre personne réagit défensivement à son message «je». Lors des confrontations, on peut s'attendre encore davantage à faire face à des réactions défensives et à de la résistance (même si son message «je» comprend les trois parties essentielles). Personne, en effet, n'aime s'entendre dire que son comportement est inacceptable et affecte la vie d'un autre négativement.

Dans l'exemple cité plus haut, où on est distrait et irrité par les appels téléphoniques personnels de son collègue, le dialogue pourrait prendre à peu près cette tournure:

Moi:	Je trouve vraiment frustrant et difficile de me concentrer quand tu parles au téléphone. De plus, je suis préoccupé de finir ce travail pour l'échéance prévue sans ton aide.
Collègue:	Je suis préoccupé par ce projet aussi, mais j'ai également d'autres sujets de préoccupation. Ce travail n'est pas toute ma vie, tu sais.
Moi:	Je suppose que tu veux dire qu'il y a en ce moment d'autres problèmes auxquels tu donnes la priorité.
Collègue:	Tout juste! Il est parfois difficile de composer avec les problèmes familiaux et les problèmes professionnels.
Moi:	Tu dois vivre une période très pénible.
Collègue:	Ça me rend dingue! Ma plus jeune sœur est en train de divorcer et cela pose des problèmes à propos des enfants, et... écoute, je ne veux pas t'ennuyer avec mes problèmes familiaux.
Moi:	J'ai l'impression que ta sœur comptait beaucoup sur toi.
Collègue:	Nous avons toujours été très proches. Mais après tout, ce n'est pas ton problème ... Et le projet me tient à cœur. Je vais lui demander de réduire le nombre de ses appels téléphoniques. Je pourrai l'appeler d'en bas pendant les pauses.

Dans de telles situations, on peut passer plusieurs fois des messages «je» de confrontation à l'écoute active, au fur et à mesure qu'on exprime ses sentiments de part et d'autre.

Il arrive assez souvent que la confrontation par la méthode de l'affirmation et de l'écoute provoque ou révèle l'existence d'un conflit, dont on n'était pas conscient, ni l'un ni l'autre. On aura alors besoin des procédés de résolution de conflits, dont nous traiterons aux chapitres 10 et 11.

CHAPITRE 9

Maîtriser son anxiété

Les aspects positifs de la personnalité se développent lorsque l'individu affronte, traverse des expériences suscitant de l'anxiété et finit par les surmonter.

ROLLO MAY, *The Meaning of Anxiety*

En décrivant la personne efficace, nous avons souligné l'importance de se connaître et de se comprendre, de prendre la responsabilité de sa vie et de communiquer ses besoins, ses désirs et ses problèmes par des messages «je» où on définit clairement sa position, sans blâmer ni accuser les autres.

À ce stade, il peut sembler non seulement possible mais aussi facile d'émettre les différents messages d'affirmation et de passer ensuite à l'écoute; on sait sans doute *comment* s'affirmer. Alors, pourquoi est-il souvent si difficile d'appliquer un procédé qui semble si simple?

Le principal obstacle à l'affirmation de soi est l'anxiété: on devient si bouleversé par les sentiments d'anxiété qu'on en reste impuissant et même paralysé.

Employer de nouveaux procédés suscite toujours un certain degré d'anxiété. La perspective de devenir une personne qui s'affirme avec plus d'authenticité, qui prend la responsabilité de sa propre vie et de ses relations avec les autres provoque de l'anxiété parce qu'*on n'en connaît pas l'issue.* L'anxiété est si directement liée à l'efficacité qu'il est important d'en comprendre le rôle. On peut alors la maîtriser et prendre davantage sa vie en main.

Qu'est-ce que l'anxiété?

L'anxiété, c'est une peur, une appréhension, une détresse, un désarroi, un malaise qu'on ressent quand on perçoit une menace quelconque à sa sécurité. Éprouver de l'anxiété est un signal d'alarme: quelque chose ne va pas, un problème doit être résolu, on a besoin d'agir afin de retrouver son équilibre psychologique.

Comme l'anxiété est un état pénible, on a appris à l'éviter, à l'ignorer, à la fuir et à la nier. On a souvent essayé de traiter l'anxiété par ces moyens, et on sait qu'ils ne fonctionnent pas très bien. L'anxiété ne disparaît pas. En réalité, plus on retarde le moment de l'affronter et de la traiter efficacement, plus elle s'aggrave.

En tant qu'homme, on a souvent des problèmes face à la peur. On a appris qu'avoir peur n'est pas viril. Être homme signifie transcender la peur.

L'incident suivant, rapporté par un formateur, illustre bien ce point:

> «Récemment, dans un avion, j'étais assis près d'un jeune homme de fière allure. J'étais épuisé et je n'ai donc pas entamé la conversation avec lui. Mais j'ai remarqué qu'il avait les jointures complètement blanches lorsque nous avons décollé, qu'il regardait constamment par le hublot et qu'il avait très hâte qu'on lui serve une bière. Au début de la descente, nous avons parlé un peu. Puis il a soupiré et dit: "Je déteste prendre l'avion, j'aimerais ne jamais avoir à quitter le sol." J'ai répondu: "Tu es nerveux quand tu as à prendre l'avion..." Rapidement, il a répliqué: "Non, je ne suis pas nerveux, c'est tout simplement que je deviens un peu malade." Et j'ai ajouté: "Ah! Tu veux dire que ça te donne la nausée." À nouveau il a affirmé: "Non, je n'ai pas la nausée, je n'aime tout simplement pas prendre l'avion."»

En niant ses sentiments de peur et d'anxiété (et autres sentiments), on se ferme non seulement face à son conjoint, à ses enfants et à ses collègues, mais également face à soi-même. Admettre qu'on éprouve de la peur et de l'anxiété est la première étape pour les surmonter.

Combien de fois est-on revenu d'une rencontre en se sentant beaucoup plus mal, parce qu'on n'avait pas eu le courage d'agir? Combien d'occasions a-t-on perdues, combien d'amitiés ou d'amours possibles, combien d'expériences nouvelles ou d'emplois a-t-on manqués parce qu'on n'a pas réussi à exprimer ses sentiments?

Les mots qui auraient pu faire toute la différence sont demeurés inexprimés, coincés à l'intérieur de soi par le doute et la confusion. «J'ai paniqué», voilà ce qu'on en pense plus tard. Mais rien n'est plus triste que de dire: «Cela aurait pu...» L'anxiété est souvent à l'origine de ces occasions manquées.

On sait que l'anxiété provoque aussi des manifestations physiques telles que: mains moites, front en sueur, transpiration, mains ou genoux tremblants, papillons dans l'estomac, tensions à la nuque, lèvres crispées, mâchoires et tempes serrées, voix mal assurée ou étouffée, palpitations, bouche sèche, respiration rapide et courte, mauvaise digestion, migraines, fatigue. Dans cet état, on est vraiment incapable d'accomplir quoi que ce soit ni d'établir des relations satisfaisantes.

Une participante décrit ainsi son expérience d'anxiété:

> «Je viens d'une famille peu démonstrative où personne n'exprime jamais directement ce qu'il pense ou ressent. Comme enfant, j'ai appris à dire à mes parents ce qu'ils voulaient entendre. Je les laissais prendre les décisions pour moi et je comblais leurs attentes. J'ai transposé ce comportement dans ma vie de couple et pendant sept ans j'ai essayé de bien jouer le rôle de "l'épouse parfaite". Le travail de mon mari exigeait qu'il s'absente pendant de longues périodes, parfois plusieurs mois de suite. Pendant ces périodes de solitude, j'ai commencé à me rendre compte

que «je n'existais pas», que toute ma vie n'avait été que le prolongement ou le reflet de quelqu'un d'autre. Je suis devenue très confuse face aux sentiments que j'éprouvais. J'ai essayé de les refouler parce que je me sentais coupable de les éprouver. "Pourquoi j'éprouverais tant de colère et de rancœur alors que j'ai tout pour être heureuse?" J'ai commencé à souffrir de migraines, mon visage, mes mains et mes pieds s'engourdissaient, je n'arrivais plus à dormir; je me cachais dans les toilettes pour que mon enfant ne me voie pas pleurer. J'allais de médecin en médecin, persuadée que j'étais atteinte d'une maladie incurable, telle qu'une tumeur au cerveau ou la sclérose en plaques. Les analyses se révélant négatives, je craignais d'avoir une maladie mentale. Par chance, on m'a conseillé de voir un thérapeute qui m'a expliqué que je faisais des "crises d'anxiété". Comme j'étais incapable d'exprimer verbalement mes sentiments profonds, mon corps les exprimait pour moi sous la forme de symptômes physiques effrayants. Quand j'ai commencé à apprendre à identifier, à accepter et à exprimer mes sentiments de façon appropriée, mes symptômes physiques ont disparu.»

On minimise souvent la signification de l'anxiété et de ses effets. On continue sa routine quotidienne et on ne traite pas la cause de son anxiété; on suppose qu'en agissant ainsi ces sentiments finiront par disparaître et qu'on pourra recommencer à vivre comme si ces malaises n'avaient jamais existé. S'il pouvait en être ainsi, il ne serait pas si important de faire face à ses sentiments d'anxiété. En fait, ces émotions ne disparaissent pas nécessairement d'elles-mêmes. Et quand on ne résout pas les problèmes qui sont à l'origine de l'anxiété, les conséquences peuvent être assez graves, comme en fait foi le témoignage précédent. Si on persiste à négliger ce signal d'avertissement que représente l'anxiété, on risque fort d'y répondre de façon de moins en moins appropriée, en n'étant pas soi-même. Ainsi, on peut en arriver à perdre de plus en plus le contact avec soi-même et avec le reste du monde.

Les aspects positifs de l'anxiété

Au lieu de se laisser miner par l'anxiété, on peut la transformer en une occasion de développement. Il est même possible d'être agréablement stimulé lorsqu'on se sent anxieux, parce que c'est un signal de défi à relever en passant à un autre niveau.

Dans son livre *Le concept d'angoisse,* Kierkegaard affirme que: «L'anxiété doit être comprise comme une aspiration à la liberté.» La liberté est le but du développement de la personnalité, et Kierkegaard définit la liberté comme une possibilité. Au moment où on visualise une possibilité, l'anxiété fait partie intégrante de l'expérience. Plus la possibilité est grande, plus l'anxiété peut être grande. Le développement de la personnalité repose sur la capacité de faire face à l'anxiété et de la surmonter efficacement.

Pour utiliser l'anxiété comme une occasion de développement, il est avantageux de la considérer différemment afin d'y faire face plus efficacement. Voici trois étapes utiles pour y parvenir.

1. Reconnaître et accepter l'anxiété

Garder à l'esprit que l'anxiété signale une possibilité de grandir et d'évoluer, une occasion potentielle de s'épanouir. Se laisser stimuler et motiver par sa présence. Se rappeler qu'on peut l'affronter de façon constructive.

2. Décider d'agir pour régler le problème qui déclenche l'anxiété

Penser à des façons constructives de faire face à l'anxiété. Décider de prendre un risque. Persister jusqu'à réussir parce qu'à long terme, il est beaucoup plus risqué de ne pas agir de façon efficace et responsable. Même si on risque l'échec ou la désapprobation des autres, le prix à payer en terme d'estime de soi est beaucoup plus élevé si on décide de ne pas agir.

3. Agir pour résoudre le problème

Il n'est pas suffisant d'y penser, d'intellectualiser à quel point on se sentirait bien si on faisait quelque chose: on doit agir. Encore une fois, la force et le courage viennent quand on agit. C'est ainsi qu'on se motive à franchir d'autres situations qui suscitent de l'anxiété.

Dans ses relations avec les autres, franchir les situations qui suscitent de l'anxiété prend une autre dimension. Souvent, on vit de l'anxiété parce que sa perception de soi-même dans ses rapports avec les autres évolue; elle ne correspond plus à ce que les autres attendent. Une grande part de son anxiété provient du conflit entre la façon dont on veut se comporter et celle qu'on pense que les autres attendent. On croit qu'on obtiendra leur approbation si on se conforme à leurs attentes et qu'on risque la désapprobation si on ne le fait pas.

Des participants disent:

«J'ai changé, mais les autres me connaissaient tel que j'étais avant, alors, en leur présence, j'éprouve encore le besoin d'agir comme je le faisais.»

«Je trouve beaucoup plus facile d'agir comme je le veux avec de nouvelles relations.»

«Il est très difficile de changer, particulièrement quand j'ai l'impression que personne ne le souhaite sauf moi.»

On découvre souvent que ses peurs de la désapprobation des autres sont sans fondement. Lorsqu'on a le courage de s'affirmer et d'agir de son propre chef, on se rend compte qu'on est plus admiré et respecté, et qu'on suscite plus d'intérêt chez les autres. Les gens admirent ce courage de prendre des risques et d'aller de l'avant, et ils commencent même à prendre cette attitude comme modèle pour leur propre conduite. Une lettre qu'une participante a reçue d'un ami en témoigne:

«Je viens d'obtenir mon diplôme universitaire vendredi. Quelle immense satisfaction! Tu ne t'en doutes peut-être pas, mais c'est grâce à ta persévérance, et parce que tu as toi-même obtenu ton diplôme, que j'ai réussi à me sortir de bon nombre de situations difficiles. Tu y es arrivée si vite que je savais que je pouvais en faire autant.»

Plus important encore, quand on rassemble le courage d'affronter des situations de plus en plus difficiles, on devient beaucoup moins dépendant de l'approbation et de l'opinion des autres. Plus sa capacité à surmonter des situations génératrices d'anxiété augmente, plus on se fie à ses propres perceptions, à ses jugements et à ses sentiments.

On peut choisir sa façon de traiter l'anxiété

Chaque fois qu'on ressent de l'anxiété, on fait un choix sur la façon de la traiter. Ou bien on nie son existence, on essaie de l'ignorer, de l'éviter, de la fuir, et on espère ainsi qu'elle va disparaître; ou bien on reconnaît son existence et on prend des mesures pour résoudre le problème qui produit son anxiété.

Voici quelques conséquences de ces deux attitudes:

Agir en situation anxiogène	*Ne pas agir en situation anxiogène*
Affronter l'anxiété est un acte responsable, positif et efficace.	Choisir de ne pas affronter son anxiété revient à ne pas prendre la responsabilité de satisfaire ses besoins.
On est authentique, l'anxiété se dissipe; le tourment intérieur disparaît; les problèmes se résolvent.	Le problème n'est pas résolu; on éprouve une anxiété plus forte et plus profonde.
Son estime de soi et sa confiance en soi augmentent; on est satisfait de soi.	Son estime de soi diminue; on est déçu de soi-même; on s'en veut.
On se sent disposé à traiter d'autres situations, encore plus difficiles.	Le conflit intérieur persiste; ne passant pas à l'action une fois de plus, on accentue cette tendance inefficace.

On devient plus conscient de soi.	On ne développe pas sa conscience de soi.
On s'épanouit, on réalise davantage son potentiel, on accroît son autonomie.	On n'évolue pas; on limite son développement; on ne se permet pas de vivre des expériences nouvelles.
On devient créatif. On actualise d'autres dimensions de sa personnalité.	On perd des occasions de s'actualiser.
On résout ses conflits intérieurs et on est en mesure d'aller de l'avant.	Non seulement on n'évite pas le conflit, mais on crée encore plus de conflits.
On devient plus ouvert et on communique de plus en plus.	On se replie sur soi et on communique de moins en moins.

L'échelle de son anxiété

La première étape pour affronter l'anxiété consiste à établir un classement — une liste par ordre de priorité — des situations qui sont source d'anxiété. Par exemple, on dresse une liste de dix situations dans lesquelles on n'agit pas à cause de l'anxiété qu'on éprouve. Dans un premier temps, on écrit tout simplement ces situations. Puis on les classe en attribuant le numéro 1 à la situation dans laquelle on éprouve le moins d'anxiété (situation qu'on croit pouvoir traiter maintenant avec une certaine assurance), le numéro 2 à celle dans laquelle on éprouve un peu plus d'anxiété, et ainsi de suite jusqu'à 10; la situation qui porte le numéro 10 est celle dans laquelle on éprouve le plus d'anxiété. Cette liste peut comprendre toutes sortes de situations: personnelles, professionnelles, sociales, etc.

Cette liste pourrait se présenter ainsi:

1. Dire à mon amie que je l'apprécie.
2. Confronter ma famille au sujet du partage des tâches ménagères.

3. Inviter à dîner une personne que j'aimerais connaître mieux.
4. Dire à mes voisins que je n'accepte pas leur invitation.
5. Prendre l'initiative de traiter d'un conflit avec mon conjoint.
6. Engager la conversation avec une personne que je ne connais pas.
7. Aborder avec mes parents le sujet de nos relations.
8. Dire à quelqu'un que ces propos m'ont blessé.
9. Prendre la parole dans une réunion importante quand je pense que mon point de vue ne sera pas bien accueilli.
10. Prononcer un discours devant une assemblée nombreuse.

Établir sa propre échelle permet de commencer d'abord par une situation qui présente pour soi un faible risque. Après avoir traité efficacement la première situation, on peut passer à un plus haut degré de risque. Les situations inscrites sur sa liste offrent plusieurs occasions de s'affirmer. On a alors tout intérêt à émettre des messages «je» clairs, sincères, sans blâme et à passer à l'écoute active lorsque le besoin s'en fait sentir.

Réduire l'anxiété

Quelquefois, son niveau d'anxiété est si élevé qu'on ne peut agir. Néanmoins, on peut réduire son anxiété à un niveau où on parvient à s'affirmer et à satisfaire ses besoins importants. On n'a pas alors pour but d'éliminer entièrement son anxiété; cela est impossible. Ce n'est même pas souhaitable. Un certain degré d'anxiété maintient la motivation pour apprendre, pour planifier et pour réussir.

C'est l'anxiété nocive qu'on veut maîtriser pour pouvoir résoudre ses conflits intérieurs et planifier son efficacité personnelle sans être perturbé par des soucis et des tensions inutiles. Voici un procédé efficace pour réduire l'anxiété, qu'on applique en trois étapes: la préparation, la répétition et la détente.

La préparation

Quand on dresse sa liste de situations anxiogènes, on constate probablement que plusieurs de ces dernières ont été aggravées par manque de préparation. On peut reconnaître ce sentiment de panique qui surgit quand on se retrouve dans de nouvelles situations ou avec des gens qu'on rencontre pour la première fois. On éprouve souvent une grande anxiété à «prononcer un discours» ou à «se trouver mêlé à des personnes plus âgées et plus expérimentées».

On peut éliminer une grande partie de l'anxiété qu'on éprouve dans de telles situations en se préparant à ce qui vient: décider des paroles qu'on a l'intention de dire ou des gestes qu'on veut accomplir, du moment et de l'endroit où on passera à l'action; prendre le temps d'anticiper les réactions de l'autre personne.

Par exemple, on a décidé de demander une augmentation à son employeur. Juste à y penser, on sent son estomac se nouer, on a les mains moites. C'est une bonne idée d'avoir alors un dialogue avec soi-même:

— Dans le pire des cas, qu'est-ce que je risque? Pourquoi cela me rend-il si nerveux? Est-ce parce que je ne suis pas convaincu de mériter une augmentation?
— Oui, c'est sans doute ça.
— Mais pourquoi ai-je ce sentiment?
— Peut-être parce que je n'ai pas de diplôme universitaire comme les autres.
— Mais on n'a pas besoin d'un diplôme universitaire pour remplir cette fonction. Après tout, je viens de décrocher deux contrats importants... Et on m'a assuré plusieurs fois que mon travail était plus que satisfaisant. Je pense que je la mérite vraiment, cette augmentation, et depuis longtemps.

La prochaine étape consiste à choisir le moment et l'endroit propices. On sait que si on choisit de le faire au bureau pendant les heures de travail, on sera sans doute interrompu souvent par le téléphone. On suggère donc une rencontre au déjeuner. On dresse un résumé en quelques lignes de ce qu'on a l'intention de présenter pour appuyer sa demande. On recueille l'information pour étayer sa position. On formule des messages «je». On sera sans doute plus efficace avec un message confiant tel que: «J'ai le sentiment d'avoir fait du bon travail et j'aimerais obtenir une augmentation», plutôt qu'un message défensif comme: «Vous m'aviez promis une augmentation au bout de six mois si mon travail le justifiait, et cela fait bientôt un an, et…»

Il est bon d'imaginer les conséquences possibles de ses paroles, anticiper les réactions possibles de son patron. Comment répondra-t-on à chacune d'elles? Il faut se préparer à passer à l'écoute active au besoin, à donner des explications complémentaires et à répondre aux questions. On répète mentalement la scène jusqu'à ce qu'on se sente à l'aise dans son rôle.

Voici l'expérience d'une participante qui illustre l'importance d'une bonne préparation mentale:

> «La communication avec mon père se déroulait toujours de la même façon. Chaque fois que je le confrontais, je lui tenais des propos sarcastiques pour le blesser. Lorsqu'il émettait des critiques — sur le comportement de mes enfants, la façon "ridicule" dont mon mari et moi dépensions notre argent, ou bien encore le genre de livres que je lisais —, j'éclatais et je l'attaquais, sans même penser à ce que je disais ni à pourquoi je le disais. Le résultat était toujours le même: nous avions une prise de bec, il s'en allait, et je restais là à me sentir coupable et malheureuse. Maintenant je m'accorde un temps de réflexion — bien que cela ne soit pas facile — et j'essaie de démêler ce que je ressens vraiment et pourquoi j'éprouve ces sentiments. Cela m'a aidée à découvrir certains des motifs pour lesquels mon père et moi avons toujours connu ce type de communication. Main-

tenant, j'utilise l'écoute active et il émet des messages cohérents: je crois que nous sommes enfin prêts à régler le conflit et à fonder la relation sur des bases nouvelles.»

Un participant décrit la façon dont il s'est occupé d'une situation anxiogène au travail:

«Eh bien! j'ai toujours peur d'affronter les employés. J'ai une difficulté particulière avec mon ami de longue date; vous savez, il fait partie de la compagnie depuis plus de vingt ans, mais il fait des erreurs graves. Je crois que j'avais peur de deux choses: qu'il soit démoli par mes propos parce qu'il me tient en haute estime, j'avais aussi peur d'en souffrir — il pourrait même démissionner — et j'avais peur de passer pour un patron autoritaire puisque cela fait partie de mes valeurs primordiales d'être démocratique. J'avais aussi peur d'être tellement en colère que je dirais des choses que je regretterais. Mais finalement, j'ai conclu que j'avais essayé assez longtemps l'acceptation et la confiance et j'avais l'impression que ça n'avait pas marché. Il me semblait qu'il avait profité de mon acceptation et de ma confiance totales et c'en était trop. Alors, il fallait que je me dise: "C'est correct de prendre ces risques, parce que c'est rendu trop loin et ça dépasse les bornes. Je me sens perdant, c'est inéquitable, je n'obtiens pas satisfaction à mes besoins." Finalement, un jour, il est venu me voir et il m'a dit qu'il ne pouvait terminer le projet en me donnant des explications comme "ça me dépasse" et "je me sens coincé". En somme, je lui ai dit que notre relation était devenue inéquitable pour moi à cause de ça. Il obtient un salaire et un bon plan de retraite et pourtant il n'arrive même pas à compléter une tâche. J'étais épuisé de ce déséquilibre. Je lui ai dit que la relation était inéquitable et que je n'obtenais pas satisfaction à mes besoins. L'entreprise non plus n'obtenait pas satisfaction à ses besoins. Depuis que je l'ai affronté, il s'est mis à travailler très fort et il a presque fini le projet.»

Savoir se préparer, c'est savoir s'organiser en fonction du temps dont on dispose. Si on entreprend une tâche ou si on se lance dans un projet, il est beaucoup plus profitable de planifier ses activités de manière réaliste. Si on prévoit inviter à dîner, au cours du même mois, un grand nombre de personnes, il est souhaitable d'établir un programme, un compte à rebours depuis la date fixée, et de dresser une liste simple des priorités, afin de s'y préparer tranquillement, en s'assurant que la planification et la préparation de la réception cadreront au mieux avec son emploi du temps habituel.

Lorsqu'on se trouve devant un problème grave et complexe, la meilleure solution consiste encore à le décomposer et à le résoudre point par point. Ainsi, on ne se sentira pas découragé avant même d'avoir commencé. Un participant déclarait:

> «Décomposer les obstacles en étudiant successivement tous les éléments du problème avec calme et assurance m'a aidé à surmonter ceux qui se dressaient sur mon chemin.»

Bien sûr, il n'est pas toujours possible de prévoir ce qui va se passer. Plusieurs des expériences et des interactions les plus valables qu'on vit ne sont pas planifiées et surviennent spontanément. Pourtant, même lorsque les prévisions ne se révèlent ni possibles ni souhaitables, on peut atténuer son anxiété en prenant quelques instants pour se préparer et adapter ainsi ses propos et ses besoins. Se préparer à affronter des situations futures, c'est affirmer sa volonté de décider de son avenir, au lieu de laisser les autres s'en charger.

La répétition

Tout au long de sa vie, on ne cesse d'apprendre de nouvelles choses — conduire une voiture, jouer au tennis, maîtriser une nouvelle langue — et on admet que pour posséder à fond ces techniques, il convient de les pratiquer pendant un certain temps. On peut appliquer ce même principe aux techniques de communication interpersonnelle. Une hypothèse assez répandue veut que celles-ci soient innées et suppose que si le courant ne passe pas, c'est parce que quelque chose cloche en soi. Il n'en est rien. La communication est un phénomène complexe, qui demande une habileté et une coordination qui ne peuvent s'acquérir sans exercice.

La répétition permet de mettre en pratique sa préparation. C'est une occasion d'essayer une approche établie à l'avance plutôt qu'après coup (surtout si on a déjà obtenu des résultats décevants).

Organiser une répétition de sa communication peut aller d'un essai de quelques minutes devant une glace jusqu'à un véritable exercice théâtral avec une ou plusieurs personnes.

Un entretien préalable en vue de l'obtention d'un emploi ou d'une augmentation, par exemple, nécessiterait une longue répétition. On pourrait demander à un ami de jouer le rôle de l'intervieweur ou du patron. Un autre ami pourrait se charger de celui d'observateur. Soumettre à l'épreuve des autres le message qu'on projette de livrer offre l'occasion de voir comment réagit le partenaire avec lequel on répète son rôle. Selon ses réactions, on peut alors apporter les corrections nécessaires. Certaines personnes enregistrent sur magnétophone les messages qu'elles prévoient adresser à quelqu'un et les étudient en les réécoutant. Quelle que soit la technique adoptée, combiner la pratique et la possibilité d'être observé peut diminuer l'anxiété qu'on ressent et présente les avantages suivants:

- une possibilité de «décompresser», avant la véritable entrevue;
- un plan d'action meilleur, puisqu'il aura été amélioré en fonction des réactions qu'on aura constatées chez son partenaire;
- une expérience réussie qui renforcera sa confiance tout en libérant l'esprit.

Ces répétitions peuvent s'appliquer à un grand nombre de situations génératrices d'anxiété telles que:

- demander un prêt à un parent;
- aller en personne dans un grand magasin se plaindre d'un article défectueux;
- subir un entretien préalable pour obtenir un emploi;
- dire «non» à une demande inacceptable de la part d'une amie;
- exposer de fortes convictions à ses collègues;
- solliciter des fonds pour un organisme de charité;
- faire un rapport à son patron;
- avoir une discussion avec son conjoint dont l'attitude a eu des effets négatifs sur soi;
- prononcer un discours important.

La détente

Puisque l'anxiété est une condition physiologique, et pas uniquement un état d'esprit, on peut également l'aborder directement, en concentrant son attention sur les symptômes physiques qui vont généralement de pair avec l'inquiétude et la tension intérieure. Les manifestations physiques de l'anxiété peuvent en grande partie être soulagées grâce à une détente musculaire.

Comprendre les principes physiques de l'anxiété aide à les contrôler. Découvrir qu'on maîtrise son corps plus qu'on ne l'avait pensé, constater qu'on peut compenser l'emprise que la peur a sur soi, sont autant de faits rassurants. Lorsqu'on aura appris à se détendre à fond, on aura éliminé la sensation physique d'anxiété. Même si on ne se sent pas encore parfaitement à l'aise face à ce qu'on devra affronter, on maîtrisera suffisamment le tremblement des mains, les spasmes au creux de l'estomac et le chevrotement de sa voix pour pouvoir, avec quelque apparence de confiance, passer à l'action.

La détente musculaire consiste à tendre et détendre alternativement ses muscles. Apprendre à respirer profondément est une autre méthode utile. On a probablement remarqué combien sa respiration se fait rapide et courte lorsqu'on est nerveux; on est très vite essoufflé, à cause de la tension de ses muscles. Une respiration courte maintient les muscles contractés: apprendre à respirer profondément est donc nécessaire pour diminuer son anxiété (pour un exercice complet de relaxation, voir en annexe).

Dans ses efforts pour surmonter l'anxiété, on aurait tout avantage à voir qu'elle résulte habituellement d'un conflit intérieur; en identifiant le conflit, en admettant l'anxiété et en décidant de l'affronter ouvertement, on approche alors d'une solution.

CHAPITRE 10

Les conflits: qui gagne? qui perd?

On considère toujours un conflit comme une mesure de dernière extrémité, alors qu'en fait, ce qui est dangereux, c'est de ne pas admettre qu'il est nécessaire et de ne pas prendre des moyens appropriés pour le résoudre. Ce mode d'expression ultime et destructif est effrayant, mais ce n'est plus un conflit. C'est presque le contraire, le résultat final d'une tentative pour éviter et étouffer le conflit.

JEAN BAKER MILLER, *Nouvelle psychologie des femmes*

La confrontation directe et loyale favorise des échanges stimulants, authentiques et efficaces. Elle vise à comprendre la signification profonde d'un conflit plutôt que de l'éviter. Elle permet de surmonter l'aliénation et le cynisme en éliminant les formes passives, indirectes et destructrices d'agression.

BACH ET GOLDBERG, *Agressivité créatrice*

Jusqu'à présent, nous avons traité des attitudes et des techniques d'affirmation de soi et d'efficacité, en nous préoccupant essentiellement des besoins individuels: procédés pour favoriser la confiance en soi, pour accroître son estime de soi et pour assumer ses propres responsabilités. Ces procédés ont pour but principal de faciliter la satisfaction des besoins personnels, par soi-même ou avec la coopération des autres.

Il arrive qu'en s'affirmant, on découvre que les besoins de l'autre entrent en conflit avec les siens. Les messages «je» de confrontation, en particulier, mettent en évidence de tels conflits. Dans le rectangle de comportements, de telles situations se retrouvent dans la zone où «chacun a le problème» ou «la relation a le problème».

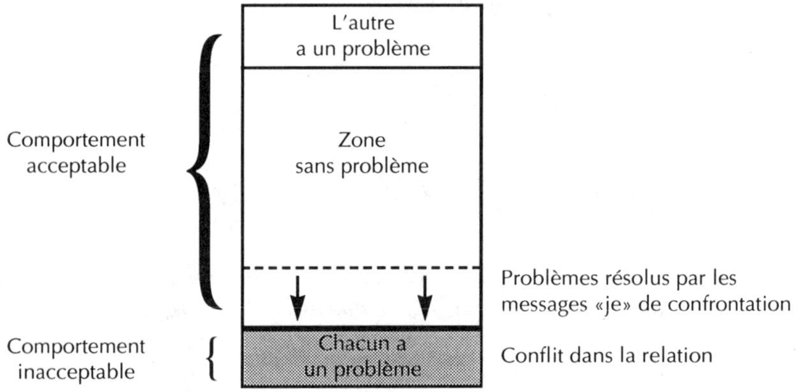

Le conflit

Qu'entend-on exactement par «conflit»? Le dictionnaire fournit des synonymes tels que: opposition, affrontement, discorde, différend, malentendu, querelle. Dans la vie courante, on considère le conflit comme synonyme de colère, agressivité, hostilité: rien qui ne suggère que le conflit puisse présenter un aspect positif. Il fait cependant partie intégrante de l'expérience humaine, et cela s'applique autant aux conflits intérieurs, concernant ses besoins personnels et son épanouissement, qu'aux conflits qui surgissent dans ses relations avec les autres. Dans ce chapitre, nous traiterons des conflits interpersonnels.

On fait face à plusieurs conflits dans ses relations. On les classe en deux catégories: ceux qui éclatent lorsque les comportements de l'un nuisent à la satisfaction des besoins de l'autre, que nous appellerons ici les «conflits de besoins»; ceux qui surgissent à cause d'une différence de valeurs entre soi et l'autre, que nous appellerons ici les «collisions de valeurs». (Des façons de traiter ce type de conflits sont présentées au chapitre 12.)

Lors d'un conflit de besoins, chacune des personnes concernées peut comprendre et admettre que l'autre a des besoins non satisfaits et que ces besoins sont importants et valables. De toute évidence, plus ces besoins sont tangibles, mieux l'autre personne en acceptera le bien-fondé. Voici quelques exemples de situations de conflit de besoins:

> «Je possède un téléviseur. Mon fils et moi sommes souvent en désaccord sur le choix des émissions.»
>
> «J'ai besoin de la salle de conférences de l'entreprise et un de mes collaborateurs en a besoin en même temps.»
>
> «Mon mari et moi avons épargné un peu d'argent. Il veut acheter une voiture, je veux investir cette somme dans des biens immobiliers.»
>
> «Ma fille et moi désirons prendre la voiture le même soir.»
>
> «Je désire avoir un enfant dans un très proche avenir; mon mari désire attendre quelques années.»
>
> «Ma collègue fume sans cesse dans le bureau que je partage avec elle. La fumée me fait tousser et éternuer.»
>
> «Mon compagnon souhaite que nous nous marions; je veux continuer à vivre avec lui sans être mariée.»
>
> «Je suis divorcée et j'ai deux enfants. Mon ex-mari n'est pas d'accord pour adopter la garde partagée.»

En réfléchissant quelques minutes, on peut relever plusieurs situations dans lesquelles un conflit de besoins est présent. Il serait utile d'en dresser une liste.

Nous verrons plus loin une méthode particulière qui permet de résoudre efficacement de tels conflits. Mais, pour mieux l'appliquer, il est essentiel de comprendre pourquoi on craint tant les conflits dans ses relations et d'examiner la façon dont on les résout habituellement.

Pourquoi essaie-t-on d'éviter les conflits?

Pourquoi est-on si effrayé devant un conflit? Il est sans doute exact de dire que les situations de conflit provoquent plus de peur et de tension que n'importe quel autre événement. On n'en connaît pas l'issue. On ne veut pas perdre. On craint de ne pas parvenir à se maîtriser. On a peur que la relation en souffre.

Le dénouement du conflit est particulièrement crucial. On a appris à nier, à éviter, à taire le conflit, tout comme la colère et l'anxiété. On tient souvent des propos tels que:

> «Nous ne nous disputons jamais.»

> «Je ferais n'importe quoi pour préserver la paix dans la famille.»

> «Depuis toutes ces années que nous sommes mariés, nous n'avons jamais eu de désaccord sérieux.»

Ces propos dénotent sans doute qu'on ne traite pas les conflits à cœur ouvert, qu'on ne met pas cartes sur table. Souvent, on choisit soit d'ignorer les conflits, soit de les traiter indirectement. En fait, l'anxiété et la colère, dans les relations interpersonnelles, proviennent en grande partie du refus de faire face aux conflits ouvertement et directement. Par conséquent, ils demeurent non résolus, ou ils sont réglés de manière insatisfaisante.

Plusieurs ont vécu de pénibles expériences de conflit à diverses époques de leur vie. Une participante explique sa crainte des conflits et en retrace les origines:

> «Ces scènes entre mes parents éclataient n'importe quand, n'importe où, sans avertissement. Je me rappelle: j'étais couchée dans mon lit à l'étage, j'entendais leurs voix devenir de plus en plus fortes, et j'enfouissais ma tête sous l'oreiller, pour ne plus les entendre.»

Il est utile de repenser à ses premières expériences de conflit et d'examiner comment ses parents réglaient les conflits entre eux ou avec soi, lorsqu'on était enfant.

On a souvent appris, surtout si on est une femme, à assumer la responsabilité de faire la paix à tout prix et à s'assurer que tous et chacun soient heureux. On intervient souvent dans les conflits des autres, afin que personne ne se sente blessé ou choqué. Voici ce que rapportent deux participantes:

> «Quand mon mari se met en colère contre l'un de nos enfants, j'interviens immédiatement et je prends la défense de l'enfant, ou bien j'essaie de résoudre le problème moi-même. Alors, mon mari se fâche contre moi!»

> «J'ai récemment remarqué qu'aussitôt que les gens commencent à se disputer au cours de nos réunions de travail, j'oublie ce que je voulais dire et ne cherche plus qu'à les réconcilier.»

La principale raison pour laquelle on essaie d'éviter de s'engager ouvertement dans les conflits, c'est que, par le passé, de tels conflits ont très souvent été résolus inéquitablement. Au lieu d'être reconnus comme des situations de besoins insatisfaits, ces conflits sont devenus des luttes de pouvoir. Finalement, l'un se retrouve gagnant et l'autre perdant. Et, comme on veut naturellement sentir que ses relations sont équitables et mutuellement satisfaisantes, on se sert de ces luttes de pouvoir pour rétablir l'équilibre au sein d'une relation. Pourtant, il est inévitable qu'au terme de ces luttes de pouvoir, l'une des deux personnes — ou même les deux — se sente perdante, car ses besoins ne sont pas satisfaits.

Il est utile d'examiner de plus près le pouvoir et les méthodes gagnant-perdant, si fréquentes en résolution des conflits, avant d'aborder la méthode sans perdant qui ne recourt pas au pouvoir.

Résoudre les conflits par le pouvoir

Le terme «pouvoir» signifie ici contrôler les «ressources» dont un autre a besoin et employer (ou menacer d'employer) ce contrôle pour contraindre l'autre à faire ce qu'il ne veut pas faire ou ne ferait pas sans ce contrôle.

Il convient de ne pas confondre le pouvoir sur les autres — dont il est question ici — et la puissance ou le «pouvoir» personnel, la force, la capacité et le courage de prendre sa vie en main et de satisfaire ses besoins de façon autonome.

Les «ressources» comprennent tout ce dont on a besoin pour survivre, pour rendre sa vie satisfaisante et productive. Elles incluent des éléments concrets, comme l'argent (et les biens qu'il permet de se procurer), le sexe, la nourriture, le logement, l'information, et d'autres aspects intangibles comme l'amour, l'appréciation, la reconnaissance, l'affirmation.

Lorsqu'on détient les ressources pour satisfaire les besoins d'un autre, on est en position de décider si on les lui donne ou si on les retient. On peut décider de récompenser ou de punir le comportement de l'autre. La punition, en plus d'enlever les récompenses, consiste à blesser l'autre soit physiquement, soit psychologiquement: administrer une fessée à un enfant ou congédier un employé. Menacer d'utiliser son pouvoir de punir pour contrôler le comportement d'une personne peut produire à peu près le même effet que de l'employer effectivement (et peut être aussi destructif pour la relation).

Ce type de pouvoir est efficace surtout quand l'une des deux personnes dépend beaucoup plus de l'autre pour satisfaire ses besoins. Ainsi:

- les jeunes enfants dépendent presque totalement de leurs parents pour leur survie et leur subsistance;
- un employé, dont le métier n'est pas en forte demande sur le marché du travail, dépend beaucoup de son employeur actuel;
- une femme qui ne gagne pas d'argent — ou ne peut en disposer — est très dépendante de son mari.

Quand on entretient des relations plus interdépendantes — c'est-à-dire que ce pour quoi chacun a besoin de l'autre est à peu près équivalent —, il est beaucoup moins probable que le pouvoir coercitif fonctionne.

Le pouvoir coercitif peut s'exercer directement ou indirectement. On a tendance à ne considérer que les formes les plus flagrantes et les plus évidentes de pouvoir, mais il existe plusieurs moyens subtils et détournés d'en user; on les emploie souvent pour se défendre de l'utilisation directe du pouvoir de l'autre. On a tendance à recourir à ces formes indirectes ou subtiles de pouvoir lorsqu'on n'exerce aucun pouvoir, qu'on n'a pas autant accès aux ressources que l'autre, qu'on a appris à éviter les conflits ou qu'on craint les conflits directs.

On a souvent l'impression qu'on n'emploie pas le pouvoir dans ses relations, alors qu'en fait on s'abstient seulement de l'utiliser ouvertement et directement. Voici quelques exemples d'usages indirects du pouvoir:

- à l'heure du coucher, on est trop fatigué pour s'engager dans des relations sexuelles;
- on refuse de discuter d'un problème;
- on fond en larmes quand l'autre veut parler;
- on tombe malade quelques jours avant de partir en voyage, lequel est important et prévu depuis longtemps avec son conjoint;
- on «oublie» de s'acquitter d'une tâche importante au travail.

Qu'il s'agisse de pouvoir directement ou indirectement employé, on se trouve presque tous dans des situations où l'autre peut exercer un pouvoir sur soi, et aussi dans des situations où on peut exercer du pouvoir sur l'autre.

La directrice générale d'un grand hôpital explique:

«À mon travail, j'ai l'impression de détenir le pouvoir vis-à-vis des malades et aussi des infirmières que je dirige, et quand l'une ou l'autre déroge, je n'hésite jamais à lui montrer qui est "le patron". Mais à la maison, c'est mon mari qui mène la barque et je me soumets souvent à ses désirs afin d'éviter toute dispute.»

Dans la plupart des relations, on constate une répartition inégale du pouvoir; l'un a le pouvoir de satisfaire ses besoins aux dépens de l'autre. Si cette personne fait usage de son pouvoir en situation de conflit, l'un gagne et l'autre perd. Le perdant éprouve alors le désir de gagner aux dépens de l'autre lors du prochain conflit. Un cercle vicieux s'installe qui peut entraîner une dégradation progressive de la relation.

Lorsque les hommes et les femmes discutent des relations qui les unissent, ils mentionnent souvent que les deux formes de pouvoir les plus fréquemment employées sont l'argent et le sexe.

Un homme de quarante-cinq ans environ, scénariste de télévision, confiait à un conseiller conjugal:

«J'ai tout donné à ma femme: une belle maison, une voiture personnelle, tout ce qu'elle voulait. Et puis, tout à coup, elle veut reprendre ses études et obtenir un diplôme universitaire. Elle approche quarante ans, n'est-ce pas inconcevable? J'ai refusé de payer ses frais de scolarité. J'ai considéré que je devais absolument faire quelque chose pour lui éviter de se couvrir de ridicule. Eh bien! elle a trouvé un emploi et fréquente l'université le soir. Et où est-ce que tout cela me mène? J'ai l'impression que je n'ai plus tellement de foyer et de vie de couple. Je n'y comprends rien. Je lui ai toujours tout donné.»

Une femme mariée au vice-président d'une grande entreprise raconte:

«Mon mari s'est mis à gravir les échelons des promotions et a bientôt commencé à travailler tard le soir ou à apporter du travail à la maison. Je me sentais négligée et mise de côté. Comme il s'enorgueillissait beaucoup de mon apparence — auparavant j'étais mannequin —, j'ai commencé à me négliger et à prendre du poids. Quand il venait se coucher, je faisais semblant d'être profondément endormie. Évidemment, je déployais toutes ces stratégies pour le punir. Nous réglons ces choses maintenant, mais je peux vous assurer que nous avons vécu des années très difficiles.»

Méthodes habituelles de résolution de conflits

Les deux méthodes de résolution de conflits les plus courantes comportent un gagnant et un perdant. Elles sont fondées sur le pouvoir. Aucune des deux méthodes ne permet au conflit sous-jacent d'émerger de manière constructive. Bien qu'on ait habituellement tendance à employer une méthode plutôt que l'autre, on se sert inévitablement des deux. Voici une description de chaque méthode.

Première méthode — Je gagne, l'autre perd

Dans cette situation, on emploie son pouvoir pour satisfaire ses besoins aux dépens de l'autre. On fonctionne à sa façon. On fait prévaloir sa propre solution. En conséquence, on récolte la rancœur de l'autre, comme l'indique cette illustration (les signes plus (+) et les signes moins (-) représentent les récompenses et les punitions auxquelles on peut recourir):

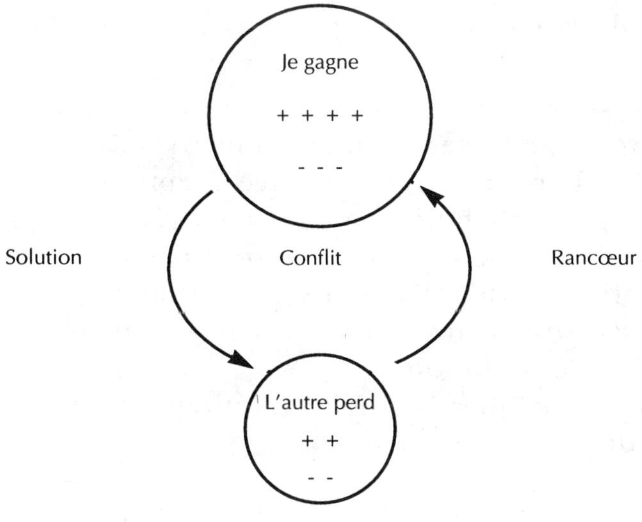

Quand on emploie une telle méthode pour résoudre les conflits, on peut facilement prévoir les réactions des autres à son égard (cette méthode a plusieurs points en commun avec le comportement agressif, décrit au chapitre 3). Comme les autres ne parviennent pas à satisfaire leurs besoins — ils ont l'impression que les problèmes et les conflits sont résolus inéquitablement —, ils ont souvent les réactions suivantes:

- ils commencent à me craindre;
- ils me critiquent, parlent dans mon dos;
- ils essayent de saboter mes efforts pour satisfaire mes autres besoins;
- ils s'unissent avec d'autres pour contrecarrer mon pouvoir;
- ils commencent à me détester et à m'éviter autant que possible;
- ils me mentent;
- souvent, en ma présence, ils n'expriment pas leurs véritables sentiments, mais me disent ce que je veux bien entendre;
- ils satisfont leurs besoins en cachette, ignorent les ordres que je leur ai donnés;
- ils essayent de gagner mes faveurs, habituellement en me manipulant;
- ils cessent de me communiquer leurs besoins essentiels.

Satisfaire ses besoins aux dépens des autres nuit aux relations, car le ressentiment envers soi grandira sans cesse. Sachant qu'on a tendance à employer le pouvoir pour gagner, ils hésiteront à s'engager dans un conflit ouvert. Comme ces conflits ne sont pas vraiment résolus de manière satisfaisante, ils continueront à reparaître sous diverses formes, puisque l'autre personne n'a pas pu satisfaire ses besoins.

Voici quelques exemples d'utilisation de la première méthode:

«Un de mes employés voudrait obtenir une promotion. Je refuse d'en entendre parler.»

«Mon fils désire ardemment partir en vacances avec ses amis. Je refuse de le laisser aller.»

Certains ont justifié l'usage du pouvoir en prétendant qu'il assure «la survie du plus apte». Le principe sur lequel se fonde cette assertion est que la nature destine le fort à dominer le faible. On invoque souvent la nature, dieu et le destin pour justifier un comportement égocentrique. Cependant, il n'existe aucune preuve, d'ordre scientifique ou autre, affirmant que, dans les relations humaines, les forces cosmiques recherchent la domination du faible par le fort. Au contraire, plusieurs observations confirment que l'usage de la force et du pouvoir a des effets négatifs sur toutes les personnes concernées.

Des conseillers conjugaux révèlent que peu de mariages peuvent résister à la domination soutenue de l'un des conjoints sur l'autre. Tôt ou tard, il se produira une «éruption» semblable à celle d'un volcan, qui libérera la rancœur accumulée par le conjoint trop longtemps dominé. Ou encore, ce dernier se repliera sur lui-même, tranquillement, progressivement, jusqu'à ne plus être vraiment «là». Il se montrera docile («Oui, ma chérie, comme tu voudras»), mais toute forme de vitalité, toute trace d'une personnalité distincte resteront cachées sous la braise.

Identifier les effets du pouvoir

Exercice

Prendre deux, trois minutes pour se rappeler certains effets du pouvoir dans sa propre vie. Se poser les questions suivantes:

Quelle sorte de pouvoir certaines personnes ont-elles exercé ou exercent-elles encore sur moi?

Mon patron?
Mon conjoint?
Mes enfants?

Mes amis?
Mes parents?
Qu'est-ce que je ressens face aux gens qui emploient leur pouvoir envers moi?
Quelle sorte de pouvoir ai-je le plus fréquemment employé ou que j'emploie encore dans mes relations avec les autres?
Lorsque j'emploie le pouvoir, qu'est-ce que j'éprouve face à moi-même?

Deuxième méthode — Je perds, l'autre gagne

Dans ces situations de conflit, on détient plus de pouvoir (ou bien il est réparti également) et on permet à l'autre de satisfaire ses besoins à ses dépens. On cède. La solution de l'autre l'emporte. Alors, comme l'indique l'illustration suivante, on éprouve de la rancœur envers l'autre.

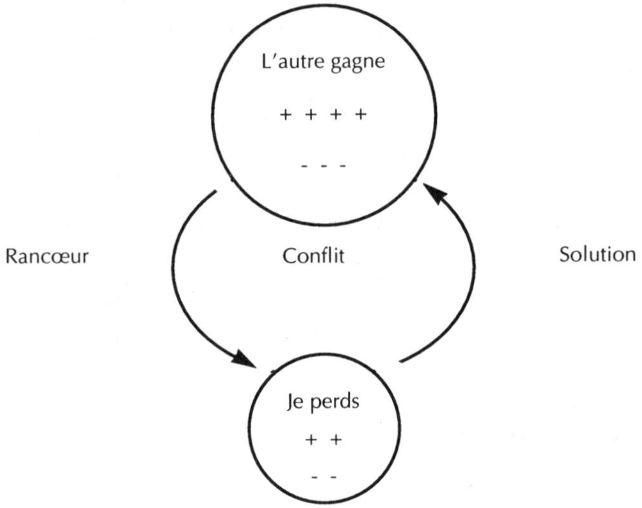

Quand on souhaite éviter les conflits, on emploie plus souvent cette méthode; de fait on veut la paix à tout prix. Le problème, c'est qu'on la paie très cher. Contrairement à la première méthode, quand on emploie celle-ci on éprouve soi-même des sentiments négatifs (cette attitude correspond au comportement non affirmatif décrit au chapitre 3). Quand on ne satisfait pas ses besoins, on peut avoir certaines des réactions suivantes:

- je ressens de la rancœur et de la colère envers les autres;
- je sabote les efforts des autres pour satisfaire leurs autres besoins;
- je retire peu à peu de telles relations;
- j'éprouve un sentiment de frustration et d'anxiété face à mes besoins insatisfaits;
- j'évite les conflits à venir;
- je me sens devenir indifférent, apathique, déprimé;
- je parviens souvent à satisfaire mes besoins autrement, par des moyens indirects;
- je décide de gagner la prochaine fois, de prendre ma revanche;
- j'ai de moins en moins d'estime pour moi; les autres n'éprouvent plus de respect pour moi.

Une fois de plus, comme on ne satisfait pas ses besoins, le conflit n'est toujours pas résolu; il persiste et se manifeste sous diverses formes.

Voici comment fonctionne la deuxième méthode dans les deux cas mentionnés plus haut:

> «Même si je ne crois pas que mon employé mérite une promotion, je la lui accorde quand même.»
>
> «Je cède aux arguments de mon fils et le laisse partir avec ses amis.»

Une approche nouvelle et différente:
troisième méthode — La résolution de conflits sans perdant

Voici une alternative aux deux méthodes de résolution des conflits gagnant-perdant. Elle est fondée sur la non-utilisation du pouvoir. On s'appuie sur l'idée qu'on peut aborder les conflits ouvertement et franchement; que chacune des personnes concernées peut satisfaire ses besoins; qu'il n'est pas nécessaire que l'une d'entre elles perde. Cette méthode s'appelle la méthode sans perdant ou troisième méthode. C'est une façon de parvenir à satisfaire ses besoins mutuels.

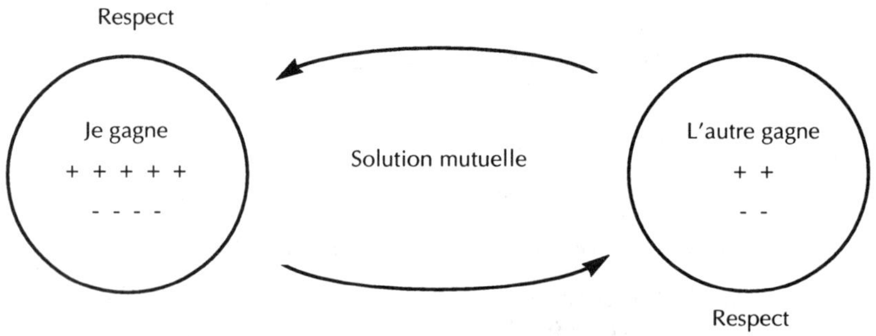

En choisissant la troisième méthode, chacune des personnes s'engage à ne pas employer le pouvoir pour satisfaire ses besoins aux dépens de l'autre. Comme on a surtout appris à résoudre les conflits par des méthodes gagnant-perdant, on peut trouver difficile de l'appliquer, surtout quand on détient un haut degré de pouvoir dans la plupart de ses relations.

Quand on trouve le courage de prendre un tel engagement envers ses proches, on peut obtenir des résultats très satisfaisants. Voici des avantages que des participants ont constatés en appliquant cette méthode:

> «Cela nous permet de traiter le conflit au grand jour, de l'exprimer et de le résoudre de manière constructive et équitable.»

> «Je découvre que les conflits peuvent amener des changements intéressants et même passionnants; je commence à les considérer comme positifs, et plutôt que de les éviter, je prends maintenant l'initiative de les déballer.»

> «Chacun de nous assume la responsabilité de satisfaire ses besoins, mais non aux dépens de l'autre (la détermination à ne pas perdre est un facteur clé).»

«Nous avons beaucoup plus tendance à résoudre de véritables conflits, fondamentaux, et non des conflits superficiels.»

«Le même conflit cesse de se reproduire puisque nous l'avons résolu équitablement.»

«Nous trouvons de meilleures solutions puisque toutes les personnes concernées participent à la résolution du conflit et nous tirons avantage de la pensée créatrice de chacun.»

«Nous sommes tous les deux beaucoup plus motivés à appliquer la décision que si elle avait été imposée, puisque nous y avons tous les deux participé.»

«Nous nous sentons plus proches l'un de l'autre et nous nous apprécions davantage; nous n'éprouvons plus de ressentiment et d'hostilité.»

«Je remarque que les autres commencent à adopter cette méthode pour résoudre leurs conflits avec d'autres personnes.»

En employant la troisième méthode, voici des solutions qu'on aurait pu trouver aux problèmes déjà présentés. Beaucoup d'autres solutions deviennent possibles.

«J'ai un entretien avec mon employé. Chacun de nous expose ses sentiments et ses besoins et écoute l'autre attentivement. Après une discussion en profondeur, nous convenons *tous les deux* que dans l'immédiat une promotion serait prématurée; nous définissons *ensemble* les buts à atteindre par mon employé et décidons d'un commun accord de réévaluer ensemble la situation dans six mois.»

«Mon fils et moi prenons le temps de nous asseoir, d'exprimer nos sentiments et nos besoins et d'écouter attentivement l'autre. Nous convenons tous deux qu'il peut y aller si un parent, un frère ou une sœur aînée l'accompagne.»

Considérer les aspects positifs des conflits

Si on considère que la présence d'un conflit révèle l'existence de besoins insatisfaits (au lieu d'une lutte pour avoir le dessus), on l'aborde tout à fait différemment. Le conflit peut être sain. Il peut se révéler une force constructive dans sa vie et ses relations. Il peut inciter à communiquer avec intégrité et offrir l'occasion de s'engager dans une confrontation ouverte et franche. Il peut servir à clarifier la situation et, en dissipant les malentendus, contribuer à rapprocher les gens.

En prenant l'initiative de s'engager dans un conflit, on s'épanouit et on évolue. En fait, dans les relations, les points de désaccord sont sans doute plus utiles que les points d'accord pour stimuler de sains changements et un véritable développement. Sans conflit, la vie serait morne, elle ne susciterait pas de changement et peu de joie.

Tout comme la colère et l'anxiété peuvent être considérées comme valables, le conflit peut aussi être vu comme bénéfique. À l'instar de l'individu qui peut évoluer et s'épanouir en surmontant efficacement son anxiété, les relations peuvent se développer par la résolution efficace des conflits. Voilà pourquoi il est important de maîtriser des méthodes efficaces pour résoudre les conflits interpersonnels.

CHAPITRE 11

Résoudre les conflits sans perdant

Toi et moi avons un conflit de besoins. Je respecte tes besoins, mais je dois également respecter les miens. Je ne ferai pas usage de mon pouvoir envers toi pour gagner et te faire perdre, mais je ne peux pas céder et te laisser gagner à mes dépens, car je perdrais. Engageons-nous donc à chercher ensemble une solution qui satisfasse à la fois tes besoins et les miens; de cette façon personne ne perdra.

Dr THOMAS GORDON, *Parents efficaces*

On a plus de chances de résoudre un conflit sans perdant si on procède selon les six étapes suivantes:

1. Définir le problème.
2. Énumérer des solutions possibles.
3. Évaluer ces solutions.
4. Choisir une solution acceptable pour tous.
5. Appliquer la solution.
6. Évaluer les résultats obtenus.

Préparer le terrain

Avant de décrire ces étapes et de démontrer comment la troisième méthode peut s'appliquer avec succès dans des situations vécues, voici quelques indications préliminaires à retenir.

1. Chaque personne s'engage à ne pas employer son pouvoir pour trouver une solution au conflit.

Il importe au départ d'être réaliste quant aux relations où on peut appliquer librement la troisième méthode. Évidemment, dans plusieurs relations où l'autre exerce du pouvoir sur soi, il peut s'avérer difficile et peut-être impossible de l'employer.

On peut appliquer la méthode sans perdant beaucoup plus facilement quand on détient le pouvoir ou qu'il se répartit à peu près également. Voici quelques exemples de relations où on détient habituellement le pouvoir:

Soi	*L'autre*
Parent	Enfant
Patron	Employé
Professeur	Étudiant

Voici maintenant quelques exemples de relations où le pouvoir se répartit sans doute à peu près également:

Soi	*L'autre*
Ami	Amie
Parent	Parent
Conjoint	Conjointe

Les relations où la méthode sans perdant est plus difficile à appliquer, car l'autre a le pouvoir sur soi et est habituellement peu disposé à résoudre les problèmes sans y recourir, peuvent comprendre:

Soi	*L'autre*
Employé	Patron
Étudiant	Professeur
Conjointe	Conjoint

On vit plusieurs situations dans lesquelles l'autre détient le pouvoir et l'emploie pour parvenir à ses fins.

Que peut-on faire pour cesser de perdre sans mettre fin à la relation? Alors que certaines personnes refusent catégoriquement de renoncer à leur pouvoir, beaucoup résolvent les problèmes en recourant à l'autorité, par manque d'expérience ou par ignorance d'autres moyens sinon la capitulation, laquelle leur déplaît au plus haut point.

Pour inciter l'autre personne à utiliser la troisième méthode dans la résolution du conflit, on doit prendre l'initiative.

Émettre des messages «je» de prévention tels que:

> «J'aimerais voir s'il existe une autre manière de résoudre ce problème. Qu'en penserais-tu si nous nous assoyions ensemble pour trouver une solution qui nous convienne également?»

> «Certaines des idées présentées dans ma formation me passionnent. J'aimerais les essayer dans notre relation. Es-tu d'accord?»

> «J'attache une telle importance à notre relation que j'aimerais expérimenter de nouvelles façons de résoudre nos problèmes. J'aimerais t'en parler.»

Émettre d'énergiques messages «je» de confrontation qui expriment ses sentiments lorsqu'on perd, ou ce qu'on éprouve à l'égard de l'autre personne lorsqu'elle gagne constamment à ses dépens:

> «Je me sens blessé et frustré lorsque tu prends des décisions sans me consulter. Cela signifie bien souvent que je n'obtiens pas ce dont j'ai besoin. J'ai alors l'impression que tu ne te soucies pas de ce que je désire.»

> «Cela m'irrite de plus en plus que tu détournes la conversation dès que je donne mon idée à propos du budget. Je crains que certains éléments qui me paraissent essentiels n'y soient laissés pour compte.»

«Comme on fait toujours les choses à ta guise, j'éprouve moins d'affection pour toi, je sens monter en moi l'envie de te rendre la monnaie de ta pièce.»

Si on parvient à exprimer ses sentiments en s'affirmant sans menacer et à passer ensuite à l'écoute de toute résistance éventuelle, on sera sans doute étonné des réponses positives qu'on obtiendra des autres.

2. Après avoir convenu d'essayer la troisième méthode, chacun a avantage à garder à l'esprit qu'on recherche une solution où ni l'un ni l'autre ne perd. Il est essentiel de connaître les six étapes. On peut les expliquer à l'autre ou lui donner ce chapitre à lire.
3. Il importe de choisir un moment où on ne risque pas d'être dérangé. La troisième méthode peut prendre du temps, car la fin n'est pas prédéterminée. En famille, un temps libre au cours du week-end pourrait très bien convenir. Au bureau, on peut proposer une réunion une semaine à l'avance, pour concilier l'emploi du temps des personnes concernées. Avec un ami, on peut prendre rendez-vous pour déjeuner ensemble.
4. Il est bon de noter les solutions proposées. En groupe, on peut utiliser un tableau. Pour deux ou trois personnes, un bloc-notes et un crayon suffisent.

Les six étapes de la méthode sans perdant

Première étape: définir le problème en termes de besoins, et non en termes de solutions opposées

Cette étape est de loin la plus critique de la résolution de conflits, et c'est souvent celle qui prend le plus de temps. Il est essentiel de clarifier les besoins de chacun. La façon la plus efficace d'exposer le problème reste le message «je» direct et franc. On expose ainsi son problème sans blâmer ni juger l'autre personne.

Au cours de cette première étape, on centre son attention sur les besoins, et pas encore sur les solutions. Apprendre à distinguer les besoins des solutions requiert une certaine pratique, parce qu'on a surtout tendance à présenter des solutions à ses besoins plutôt que d'exposer ses besoins. Ainsi, on saute souvent aux solutions avant d'examiner à fond ses besoins. En outre, il peut souvent exister de nombreuses solutions à un besoin bien précis.

Voici quelques exemples évidents de besoins et de solutions correspondantes:

Besoins	*Solutions possibles*
Transport	- Rouler à bicyclette. - Demander à un ami de nous emmener. - Emprunter une voiture. - Prendre l'autobus.
Temps libre	- Répartir les tâches ménagères entre les membres de la famille. - Engager une aide-ménagère. - Abandonner son travail à plein temps et trouver un emploi à mi-temps. - Se lever plus tôt.
Exercices physiques	- S'inscrire à un centre de conditionnement physique. - Apprendre à jouer au tennis. - Pratiquer le jogging. - Faire plus de travail domestique.
Distraction	- Sortir avec des amis. - Organiser une soirée. - Projeter une sortie pour le week-end.

Besoins	*Solutions possibles*
	- Jouer à un jeu de société.
Espace de rangement	- Faire une vente de débarras.
	- Louer un espace de rangement.
	- Donner les objets qui ne servent plus.
	- Construire une pièce de rangement.
Stimulation intellectuelle	- Suivre des cours.
	- Faire des lectures plus intéressantes.
	- Assister à des conférences et à des débats.
	- S'abonner à des revues et à des magazines intéressants.

Une remarque importante: on peut présenter un problème et découvrir, après que l'autre aura écouté, qu'on parle d'un problème différent ou plus profond.

Enfin, on a tout intérêt à prendre le temps nécessaire pour définir le problème ou le conflit avec précision. Il importe aussi d'être prêt à alterner messages «je» et écoute active selon le besoin du moment.

Avant de passer à la deuxième étape, on doit s'assurer qu'on est parvenu ensemble à un accord sur la définition du ou des problèmes. Souvent (et surtout lorsqu'on n'a pas employé la méthode de résolution des conflits sans perdant auparavant), on découvre en s'affirmant et en écoutant qu'il existe plus d'un conflit. Il peut être utile d'en dresser une liste, puis d'établir un ordre de priorité et de les résoudre un à la fois.

Deuxième étape: énumérer les solutions possibles (remue-méninges)

Voici l'étape de créativité dans la résolution du conflit, le moment où on se dit: «Mettons nos idées en commun pour trouver une solution constructive.» Il est parfois difficile de trouver tout de suite une bonne solution; les solutions initiales sont rarement acceptables telles quelles, mais elles déclenchent de nouvelles idées et mènent à de meilleures solutions. Il est quelquefois préférable de demander à l'autre d'émettre des idées avant d'exposer les siennes. Pour tirer profit de cette étape, il est avantageux pour chacun de:

- considérer cette étape comme une expérience de création et se sentir libre d'exprimer toutes les solutions qui viennent à l'esprit;
- employer l'écoute active pour s'assurer qu'on a bien compris toutes les solutions énoncées, et les noter si possible;
- éviter de juger ou de critiquer les solutions de l'autre;
- dresser une liste des solutions possibles avant de commencer à évaluer ou à discuter l'une de ces solutions. Se rappeler qu'on recherche la meilleure solution possible pour les deux parties et non pas simplement n'importe laquelle;
- si le processus stagne, énoncer à nouveau le problème, sous l'angle des besoins. Parfois, cela donne un nouvel élan à la production de solutions.

Quand on a épuisé les ressources de sa pensée créatrice et qu'on a dressé une liste de solutions possibles, on est prêt à passer à l'étape suivante.

Troisième étape: évaluer les solutions

Maintenant, on veut évaluer ensemble les avantages et les inconvénients des solutions suggérées. On se pose des questions telles que: quels en sont les points faibles, s'il y en a?

Sont-elles équitables? L'une d'elles paraît-elle plus facilement applicable que les autres? Y a-t-il une raison pour laquelle cette solution ne fonctionnerait pas? Serait-il difficile de l'appliquer?

On élimine d'un commun accord les solutions qui ne satisfont pas les besoins réciproques.

Pendant qu'on évalue ces solutions, il arrive qu'une idée inattendue surgisse et se révèle meilleure que toutes les autres, ou encore qu'on améliore une solution déjà mentionnée en y apportant des modifications devenues évidentes. Si, à cette étape, on ne vérifie pas la valeur des solutions, on augmente évidemment le risque de finir par en adopter une médiocre ou d'en appliquer une sans enthousiasme.

Quatrième étape: choisir une solution acceptable pour tous

À cette étape, on s'engage et on adopte une solution acceptable pour toutes les personnes concernées. Habituellement, quand on a exposé tous les faits, puis soupesé et analysé plusieurs solutions, on en retient une qui satisfait les besoins de l'un et de l'autre. Il s'agira souvent d'une combinaison de plusieurs des idées suggérées. Mieux vaut ne pas persuader l'autre d'adopter telle solution, ni la lui «vendre» sous pression, ni se laisser persuader d'accepter une solution insatisfaisante. Si chacun ne choisit pas librement la solution, il est fort probable qu'elle ne sera pas appliquée.

Lorsqu'on semble parvenu à un résultat acceptable pour l'un et l'autre, on énonce la solution pour s'assurer que chacun l'a bien comprise. Il est utile de la noter, à ce moment-ci, pour pouvoir s'y référer en cas de malentendus futurs.

Cinquième étape: appliquer la solution

Trouver une solution et l'appliquer sont deux choses bien distinctes. Voilà pourquoi il est important d'établir un plan d'action aussitôt après avoir conclu une entente. On décide alors qui fait quoi et quand. Pour entretenir une attitude constructive, on présume que l'autre appliquera la solution; voilà pourquoi il vaut mieux ne pas soulever la question des conséquences possibles si l'autre ne l'applique pas. Dans la plupart des cas, plus la confiance mutuelle est élevée, plus la solution est appliquée avec soin.

Il vaut mieux aussi éviter d'exercer des pressions sur l'autre pour l'inciter à accomplir les tâches convenues, en passant des remarques telles que:

> «J'espère maintenant que tu vas tenir tes engagements!»

> «Tu sais, prendre un engagement signifie que tu as promis de faire ta part.»

La méthode sans perdant repose essentiellement sur la conviction que les gens engagés dans un conflit sont des êtres responsables et dignes de confiance, et qu'ils rempliront leurs engagements si on leur accorde soutien et compréhension. Surveiller et harceler tend à développer la dépendance et la rancœur plutôt que le sens des responsabilités.

Cependant, comme la plupart des gens ne sont pas habitués à résoudre les conflits par la méthode sans perdant, il peut arriver, au début, que certains ne respectent pas leurs engagements. Si, après un certain temps, l'autre n'applique pas sa part de l'entente, on a intérêt à relancer la discussion avec un message «je» de confrontation tel que:

> «Je suis vraiment déçu et choqué: nous avions conclu un accord pour régler ce conflit et tu n'as pas fait ce qui était convenu!»

L'autre personne se rend alors compte qu'on s'attend à ce qu'elle agisse de façon responsable.

Lorsque la méthode sans perdant devient plus familière, tant pour soi que pour les gens de son entourage, on constate qu'on peut parvenir à une solution et l'appliquer assez rapidement et sans grande difficulté.

Sixième étape: évaluer les résultats obtenus

On évalue maintenant l'efficacité de la solution. On se demande si elle permet à chacun de satisfaire ses besoins.

Quand on est aux prises avec un conflit ou un problème, on rencontre de nombreux impondérables; la méthode sans perdant ne produira donc pas toujours des résultats entièrement satisfaisants. Par exemple, en atteignant un but souhaité, on peut nuire à la réalisation d'un autre qui s'avère plus important. Ou encore, avec le temps, les circonstances changent tellement que la solution originale ne convient plus. Ou, peut-être, on peut découvrir que la solution comporte certains points faibles et qu'il faut la modifier.

Quand on emploie la troisième méthode depuis peu, on s'engage parfois, emporté par son élan, à faire des choses impossibles; raison de plus pour s'assurer qu'il sera possible de réviser la situation au besoin.

Mais pour prévenir ces révisions dès le départ, il vaut mieux rester réaliste, tant dans le choix de la solution que dans ses modalités d'application.

En choisissant la méthode sans perdant, on s'engage dans un processus continu et ouvert. On raffine et on améliore sans cesse sa capacité de s'affirmer et d'écouter. Avec la pratique, on réussit mieux à employer cette méthode; il devient plus facile de considérer les conflits comme la manifestation de besoins non satisfaits. On y voit alors autant d'occasions de s'épanouir et de faire évoluer ses relations dans des directions nouvelles et passionnantes.

Exemple d'utilisation de la troisième méthode pour résoudre un conflit familial

Pour illustrer l'application de la troisième méthode, voici une expérience vécue par une famille profondément convaincue de la valeur de la méthode sans perdant.

Comme c'est souvent le cas, le conflit a surgi lorsque Claire a adressé à son mari Jean et à sa fille de onze ans, Patricia, un message «je» de confrontation pour exprimer ses sentiments et décrire son problème à propos des travaux ménagers. Elle rappelle la situation ainsi:

> «Depuis à peu près un an, je travaille à plein temps. Auparavant, je m'acquittais de presque toutes les tâches ménagères. Après environ deux mois de travail, j'ai commencé à éprouver un certain ressentiment envers Jean et Patricia. Non seulement je travaillais toute la journée, mais je faisais presque tout le travail ménager. Je crois que je m'attendais à ce qu'ils commencent automatiquement à m'aider. Et comme ils ne s'exécutaient pas, je dois avouer que j'ai dit des choses telles que: "Pourriez-vous m'aider un peu avec ce travail?", "Ne voyez-vous donc pas tout ce qui doit être fait?", "Je vais tout simplement arrêter et ne plus rien faire ici!", "Comment pouvez-vous rester assis à regarder la télévision, pendant que je fais tout le travail?" Alors, ils se levaient et rangeaient quelques petites choses ou bien nous nous disputions, et le problème ressurgissait le lendemain ou le surlendemain. J'ai constaté que l'enjeu pour moi était très important et je ne voulais plus continuer de perdre. Même après plusieurs messages "je" bien placés, je n'obtenais pas tellement de réactions.»

Définir le problème

Après une *série* de messages «je» de confrontation de plus en plus énergiques, tous trois ont convenu qu'il y avait un problème et se sont assis pour en discuter. Pour le définir, chacun a exprimé ses sentiments face aux travaux ménagers. Ils ont ainsi découvert qu'aucun d'entre eux n'aimait ces travaux, surtout les tâches quotidiennes, routinières. Voici quelques-uns des sentiments et des besoins qu'ils ont exprimés:

Besoins de Claire	*Besoins de Jean*	*Besoins de Patricia*
- Souhaite une maison bien propre.	- Trouve les normes de Claire trop élevées.	- Veut une maison plutôt propre.
- Ne veut pas faire presque toutes ces tâches seule.	- Veut une maison assez propre, mais dans les limites du raisonnable.	- Désire coopérer.
- Ne veut pas être surchargée de responsabilités.	- Désire coopérer.	- Ne veut pas se faire harceler sans cesse.
- Veut sentir moins de pression.	- Veut avoir le temps de se détendre.	- Veut avoir le temps de regarder la télévision et de voir ses amis.

Énumérer des solutions possibles

Après une longue discussion, Claire, Jean et Patricia ont convenu que les tâches principales consistaient à préparer les repas, faire la vaisselle, ranger la maison et faire le marché. Chacun s'acquittait déjà de certaines tâches (préparer son petit déjeuner, faire son lit et en changer les draps, régler les factures), sans le moindre problème. Concernant les autres travaux, ils poursuivirent leur discussion et suggérèrent les solutions suivantes:

1. Claire pourrait baisser ses normes de propreté.
2. L'un pourrait faire la cuisine, l'autre le ménage.
3. On fait le ménage et la cuisine à tour de rôle.
4. On choisit sa tâche préférée et on la fait.
5. Chacun s'occupe de ses repas, de son linge, etc.
6. Chacun ramasse ses propres effets.
7. On engage une aide ménagère.

Évaluer les solutions

1. Ils ont convenu qu'il n'était pas pratique pour chacun de faire son ménage, cuisiner ses repas, etc.
2. Ils ont décidé qu'engager quelqu'un pour faire les gros travaux était une bonne idée, mais ne résoudrait pas le problème des tâches quotidiennes.

Choisir une solution acceptable pour tous

Ils ont convenu que:

1. Chacun fait et range la vaisselle de son petit déjeuner, ramasse la nourriture et range ses journaux chaque matin.
2. Chacun range ses chaussures, ses magazines, son assiette, etc., le soir avant d'aller se coucher.
3. Chacun fait le dîner et la vaisselle deux soirs par semaine (ils sortent habituellement, le vendredi ou le samedi soir).
4. Claire et Jean font le marché ensemble, ou à tour de rôle.
5. Patricia range les provisions.
6. Claire ou Jean, la dernière personne levée, fait le lit.

Appliquer la solution

Ils furent tous d'accord pour mettre immédiatement en pratique les décisions prises.

Évaluer les résultats

Après une période d'essai de deux mois, Claire s'est rendu compte que plusieurs tâches dont elle s'acquittait n'étaient pas incluses dans leur entente. Elle a alors proposé une nouvelle réunion de résolution de problème, afin de réviser le plan d'action initial. Elle a exposé ses besoins à Jean et à Patricia. Tous ont convenu que le problème consistait à trouver de nouvelles façons d'accomplir tous les travaux ménagers. Ils ont décidé de dresser d'abord une liste de toutes les tâches à accomplir (Jean et Patricia ne se rendaient pas compte de la quantité de travaux que faisait Claire).

Énumérer des solutions possibles

Ils ont envisagé les solutions possibles suivantes:

1. Répartir les tâches équitablement entre les trois.
2. Embaucher une aide ménagère quelques heures par semaine.
3. S'occuper chacun de ses propres besoins: repas, lessive, etc.
4. Choisir les tâches qu'on préfère et s'en charger.

Évaluer les solutions

Claire, Jean et Patricia ont à nouveau éliminé l'idée de s'occuper chacun de ses besoins; cela leur apparaissait peu pratique, d'autant plus qu'ils éprouvaient le besoin de régler ce problème par un effort de collaboration.

Ils ont ensuite discuté des normes de propreté de Claire. Claire était d'avis que le problème ne provenait pas de ses normes, qu'elle ne voyait pas élevées; pour elle, la difficulté venait du fait que Jean et Patricia, habitués à une maison assez bien tenue, ne se rendaient pas compte de la quantité d'énergie et de temps que Claire consacrait à cet entretien.

Puis ils ont discuté la valeur que chacun accordait aux travaux ménagers: l'idée que c'était une «tâche de femme» selon les rôles traditionnels; la façon dont les parents de Claire et de Jean s'occupaient des travaux ménagers; l'importance relative que chacun leur accordait; le besoin de temps pour se détendre et la nécessité d'une coopération équitable.

Choisir une solution acceptable pour tous

Après de longues discussions, Claire, Jean et Patricia ont décider de combiner deux solutions: se répartir équitablement les tâches et embaucher une aide ménagère cinq ou six heures par semaine. Dans un premier temps, ils ont révisé leur plan initial et l'ont modifié. Ils ont convenu que chacun s'occuperait de préparer le dîner, de faire la vaisselle et aussi de balayer la cuisine et la salle de séjour deux soirs par semaine. Le reste de leur entente initiale demeurait inchangé. De plus, ils ont ajouté les conventions suivantes:

Claire accepte de:	*Jean accepte de:*	*Patricia accepte de:*
- Faire sa lessive et celle de Jean, ainsi que du linge de maison, plier et ranger les vêtements.	- Dresser la liste des provisions nécessaires, faire le marché et le ranger.	- Épousseter tous les meubles de la maison.
- Sortir la poubelle le dimanche soir.	- Porter les vêtements au nettoyage à sec et les rapporter.	- Arroser les plantes d'extérieur.
- Arroser et mettre de l'engrais aux plantes d'appartement.	- S'occuper de l'entretien général de la maison; au besoin, appeler le réparateur et s'assurer d'être là lors de sa venue.	- Faire sa propre lessive.
- Secouer les tapis et balayer le couloir et l'entrée.	- S'occuper de l'entretien des voitures.	- Nettoyer sa chambre.

Ils ont aussi convenu de confier à l'aide ménagère, qu'ils embaucheraient de cinq à six heures par semaine, les tâches de passer l'aspirateur, de nettoyer les salles de bains, de changer les draps, etc. D'autre part, ils ont convenu de travailler ensemble quand ils recevraient des invités; de partager l'achat des cadeaux de Noël; de se répartir aussi certains travaux spéciaux comme le nettoyage du garage. Claire ou Jean, le plus disponible des deux, emmènerait Patricia chez le dentiste, chez ses amis, etc. Ils ont décidé d'appliquer ce plan immédiatement.

Évaluer les résultats

Voici les commentaires des différents membres de la famille:

Claire: Souvent on s'aide l'un l'autre; nous nous sentons plus proches. Nous nous sentons tous plus responsables. Je me sens grandement soulagée, je suis moins tendue et beaucoup moins amère. Bien que nous ayons encore quelques problèmes à propos des travaux ménagers, et nous en aurons sans doute toujours, j'ai l'impression que la qualité de notre vie s'est considérablement améliorée. Nous avons pu parvenir à cette entente surtout grâce à une prise de conscience accrue de Jean (et de Patricia, dans une moindre mesure) et à un changement progressif d'attitude face à ce problème. J'ai fait face à ce problème pendant un bon moment; ce fut pénible et difficile à plusieurs reprises; et ça l'est d'ailleurs encore quelquefois. Mais, dans notre famille, les travaux ménagers ne sont plus considérés comme «le travail de la femme».

Jean: En traitant ce problème, je me suis rendu compte des multiples tâches qu'exigeait l'entretien de notre foyer et j'ai été étonné de voir combien d'entre elles reposaient sur les épaules de Claire. Même si je n'étais pas enchanté d'assumer certains de ces travaux, je ne pouvais nier qu'il serait plus équitable de mieux les répartir entre nous. J'ai trouvé difficile de me souvenir de tout ce que j'avais accepté de faire, parce que pendant longtemps quelqu'un s'en occupait à ma place. Mais je trouve ça plus facile de jour en jour. Face à moi-même, je me sens franchement beaucoup mieux maintenant: finis les sentiments de culpabilité que j'éprouvais auparavant. Et puis, le plus important, c'est de voir Claire plus heureuse et plus tendre envers moi et Patricia. Autre conséquence inattendue: Patricia a décidé de m'accompagner et de m'aider à faire le marché chaque semaine. J'aime ces moments de complicité où je me retrouve seul avec elle.

Patricia: Ça fonctionne assez bien. Il me semble qu'avant nous nous disputions tout le temps. Mais, bien des fois, j'oublie de sortir la nourriture du congélateur. Quand j'ai du temps libre et que je m'ennuie, j'aime bien m'occuper du ménage. Je trouve que c'est correct parce qu'avant, nous [Jean et Patricia] ne faisions jamais rien.

La résolution de conflits en groupe

Dans sa vie, on distingue souvent les relations de personne à personne et les relations de groupe, au travail ou ailleurs. Et on a besoin d'outils pour résoudre les conflits en groupe aussi bien qu'en tête à tête. Ces outils se ressemblent en plusieurs points, mais ils comportent des différences importantes.

Le procédé de résolution de conflits en groupe présente un avantage considérable par rapport au procédé utilisé entre deux personnes: il offre un soutien à l'individu, car habituellement on n'est pas seul face au conflit. L'inconvénient, c'est qu'on n'est pas nécessairement disposé à confier à tout un groupe ce qu'on aurait volontiers exprimé en tête à tête. Quand on n'a pas tendance à s'affirmer, on peut se sentir particulièrement inhibé en groupe; on est alors tenté de se rallier à ce qu'on perçoit comme la volonté de la majorité, ou à celle du meneur, surtout si on considère que cette personne a beaucoup de pouvoir.

Voici quelques indications pour résoudre un problème en groupe:

- engager dans le procédé seulement les personnes concernées par le problème;

- s'assurer que la résolution du problème se situe dans la «zone de liberté» du groupe, c'est-à-dire que le groupe a la liberté d'examiner le problème, de choisir et d'appliquer une solution;
- s'assurer que chacun comprenne la méthode sans perdant;
- réserver un moment où on ne sera pas dérangé ni distrait;
- ne pas employer le vote pour régler le problème en dernier recours. (Quand on vote, on fait des gagnants et des perdants.) Chaque membre du groupe doit accepter de bon gré la solution finale, même s'il n'est pas entièrement d'accord avec ce choix.

Un exemple de résolution de conflits en groupe

Voici le compte rendu d'une résolution d'un conflit sans perdant, imprévue, réalisée lors d'un de nos ateliers de formation de formateurs. Le groupe se composait de quinze participants et du formateur. La session se déroulait dans une salle de conférences climatisée d'un hôtel. Le groupe comprenait quatre fumeurs, les autres étant non fumeurs. Le problème a été soulevé après deux jours de formation; le stage en arrivait presque à la moitié. Le conflit a surgi quand un des participants non fumeurs a exprimé le message «je» de confrontation suivant:

> «Depuis le début du stage, je suis mal à l'aise à cause de l'atmosphère enfumée de cette salle. J'ai les yeux rouges et irrités et la tête me tourne. J'ai du mal à me concentrer et cela nuit à ma participation au cours.»

Les autres non-fumeurs ont alors aussi exprimé leur malaise. Le formateur a donc été amené à constater l'existence d'un problème au sein du groupe. Même s'il n'était pas encore parvenu à l'étude de la méthode sans perdant, le formateur a expliqué brièvement comment il était possible de résoudre ce conflit en respectant les besoins des fumeurs et des non-fumeurs. Il a alors employé l'écoute active afin d'aider les membres du groupe à définir le problème en termes de besoins ressentis de part et d'autre, et les a aidés à franchir les six étapes.

Le problème a été défini de la manière suivante:

Les besoins des fumeurs	*Les besoins des non-fumeurs*
- Besoin physique de fumer à intervalles réguliers.	- Besoin physique de se sentir bien et de ne pas respirer de la fumée.
- Besoin d'être présents durant tout le cours et de ne rien manquer lors d'une pause pour fumer.	- Désir de conserver le groupe uni.
- Besoin d'appartenir au groupe et ne pas s'en sentir exclus.	- Besoin de respecter les droits et les besoins des fumeurs.
- Besoin de ne pas nuire aux autres.	- Besoin de ne pas heurter les sentiments des fumeurs.

Durant la deuxième étape, ils ont suggéré les solutions suivantes:

1. Installer une section «fumeurs» et une section «non-fumeurs» dans la salle.
2. Établir un règlement interdisant de fumer.
3. Faire des pauses fréquentes.
4. Les non-fumeurs porteraient des masques.
5. Installer un ventilateur dans la pièce pour faire circuler l'air.
6. Permettre de fumer en dehors de la salle seulement.
7. Permettre de fumer seulement près de la porte entrouverte afin de laisser la fumée s'échapper.

8. Permettre de fumer seulement pendant la première moitié de la séance.
9. Faire une expérience pour déterminer dans quel sens se dirige la fumée; placer ensuite les fumeurs et les non-fumeurs selon ces observations.
10. Qu'une seule personne à la fois fume.
11. Déménager dans une salle munie d'une ventilation adéquate.

En évaluant les solutions suggérées (troisième étape), le groupe a d'abord éliminé les solutions inapplicables et celles qui ne satisfaisaient pas les besoins des deux parties. Les participants n'ont retenu que les propositions 7, 9 et 10. Ils ont discuté des avantages et des inconvénients de ces trois solutions proposées et des façons de les appliquer.

Voici les trois solutions retenues: grouper les fumeurs près de la porte, laisser la porte entrouverte et permettre à une seule personne à la fois de fumer.

Le groupe est ensuite passé à la quatrième étape: décider d'une solution acceptable pour tous. Ils ont discuté d'une façon de combiner les trois propositions qui avaient été acceptées. Voici leurs conclusions. L'expérience de la circulation de l'air a permis de repérer vers quelle section de la salle se dirigeait la fumée. Ils se sont alors déplacés pour installer les non-fumeurs dans la zone sans fumée et les fumeurs de l'autre côté. Les fumeurs ont accepté de fumer un à la fois, en s'assoyant près de la porte entrouverte pour qu'une bonne partie de la fumée s'échappe à l'extérieur.

La solution a été immédiatement mise en pratique (cinquième étape) et, de temps à autre, on a évalué les résultats obtenus (sixième étape). Les deux parties ont convenu que la solution fonctionnait et qu'elle satisfaisait les besoins des uns et des autres.

Évaluation

Ensuite, dans une brève discussion à propos de la résolution de ce conflit, qui avait duré quarante-cinq minutes, les participants ont exprimé leurs impressions et leurs sentiments. Il en ressort que:

- Pour plusieurs, c'était la première fois qu'ils participaient à une telle résolution de conflit, et surtout au sein d'un groupe aussi important; quelques-uns avaient émis des doutes sur la possibilité de résoudre ce problème équitablement; ils étaient très satisfaits du résultat.
- Plusieurs ont trouvé difficile d'exprimer franchement leurs sentiments négatifs; les non-fumeurs craignaient de blesser les fumeurs.
- L'anxiété a diminué à mesure qu'on a constaté que les autres étaient disposés à exprimer leurs sentiments et à coopérer; un climat de confiance s'est ainsi développé.
- Chacun des deux «camps» a acquis du respect pour les besoins de l'autre.
- Une fois le conflit résolu, les participants se sentaient plus proches les uns des autres.
- Les participants ont exprimé leur appréciation de l'efficacité du formateur à les guider à travers ce processus.
- Ils étaient ensuite mieux disposés à travailler, animés d'un nouvel esprit de coopération.

Quand on fait face à un conflit, soit avec une seule personne ou au sein d'un groupe, les outils les plus efficaces pour le résoudre demeurent:

- exprimer clairement et franchement ses sentiments et ses besoins;
- écouter activement les sentiments et les besoins de l'autre;
- faire confiance à l'autre et respecter ses besoins;
- demeurer ouvert à tout changement de faits et de sentiments;

- employer la méthode sans perdant sans solution préétablie;
- refuser de revenir aux première et deuxième méthodes où l'un ou l'autre perd;
- être déterminé à réussir à parvenir à une solution satisfaisante pour tous.

CHAPITRE 12

Résoudre les collisions de valeurs

Si nous voulons créer une culture riche, fertile en valeurs distinctes,
nous devons reconnaître le large éventail des possibilités humaines,
et ainsi produire un tissu social moins arbitraire,
au sein duquel tous les dons humains diversifiés
pourront trouver leur juste place.

MARGARET MEAD, *L'un et l'autre sexe*

Voici quelques exemple de collisions de valeurs:

«Mon mari refuse de m'accompagner à l'église.»

«Mon collègue emploie un langage que je n'apprécie pas.»

«Ma fille a décidé d'abandonner ses études pour entrer dans une troupe de danse.»

«Mon amie participe à un atelier de "croissance personnelle" dont la philosophie me semble dangereuse.»

Il est ici utile de se poser les questions suivantes à propos de ces situations susceptibles d'engendrer un conflit:

- Comment le comportement de l'autre m'empêche-t-il réellement de satisfaire mes besoins?

- Ce comportement a-t-il un effet *tangible* sur moi?
- L'autre personne croit-elle que son comportement m'affecte de manière *tangible?*

On peut facilement se rappeler certains conflits qu'on a vécus dans ses relations, et où on ne pouvait pas décrire l'effet tangible que le comportement de l'autre produisait sur soi.

On a constaté à quel point la méthode sans perdant était efficace dans les cas de conflits de besoins. Par exemple, dans la controverse entre fumeurs et non-fumeurs, en concentrant leur attention sur leurs besoins réciproques et sur les effets tangibles, les personnes concernées sont parvenues à une solution satisfaisante pour les deux parties.

Quand les besoins de l'un entrent en conflit avec ceux de l'autre, on peut négocier, s'adapter ou trouver un compromis. Habituellement, quand les gens comprennent que leur comportement produit un effet tangible nuisible sur les personnes qui leur sont chères, ils sont disposés à changer de comportement ou à essayer de trouver une solution acceptable. Mais c'est bien différent quand le nœud du conflit repose sur une profonde différence de valeurs. On accroît sa résistance à changer son comportement quand on a l'impression qu'il n'affecte pas l'autre, de manière aisément décelable ou tangible. Voilà ce qu'on appelle des «collisions de valeurs».

Qu'est-ce qu'une collision de valeurs?

Dans une collision de valeurs, on a avec l'autre personne un vif désaccord sur un certain sujet; cependant, cette différence n'affecte ni l'un ni l'autre tangiblement (on se rappelle qu'on a défini «effets tangibles» comme «ce qui nous prend de l'argent, du temps, de l'énergie»).

La plupart des collisions de valeurs proviennent de croyances, d'opinions ou de goûts personnels profondément enracinés; en général, elles ne se traitent pas par la méthode de résolution de conflits sans perdant. On est généralement disposé à négocier la façon de satisfaire ses besoins. On peut, par exemple, aménager à la maison un espace de rangement, installer un coin tranquille pour étudier ou adapter son horaire de travail; mais on ne voit aucune raison valable de trouver une solution acceptable pour tous aux questions de valeurs telles que son style de vie, ses convictions religieuses ou politiques, ses goûts ou ses buts personnels. On peut résumer cette attitude ainsi: «Mes opinions ou mes convictions, ça ne regarde que moi.»

Voici où se situent les collisions de valeurs dans le rectangle de comportements (remarquons que la «zone sans problème» s'agrandit sans cesse):

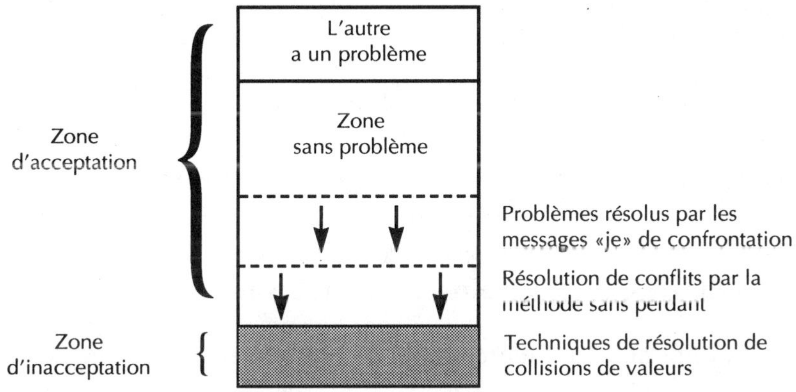

Tout comme les autres types de conflits, les collisions de valeurs sont inévitables dans les relations humaines, parce qu'on entre constamment en contact avec des personnes qui ont une philosophie très différente de la sienne. Dans notre type de société, il n'existe pas une série de va leurs reconnues. Et on s'investit dans ses relations avec les convictions et les attitudes qui proviennent de ses antécédents et de son expérience de la vie. Si on veut élargir ses horizons et approfondir le sens de sa vie, on a avantage à entrer en contact avec des gens dont les valeurs peuvent parfois entrer en conflit direct avec les siennes.

Évidemment, face à une collision de valeurs, bien qu'elle soit normale, on peut éprouver de la frustration et de la peine, surtout avec ses proches.

Certaines affirmations peuvent révéler l'existence de collisions de valeurs non résolues:

> «Je ne m'entends pas bien avec la famille de mon mari. Ils ont des idées très différentes des nôtres sur la façon dont nous devrions élever nos enfants.»
>
> «Ma carrière est en difficulté, car mon patron et moi n'avons pas les mêmes conceptions en matière de politique du personnel.»
>
> «Je crains de dire ce que je pense vraiment, car les gens trouvent mes idées excentriques et s'éloignent de moi.»

Le problème des valeurs et des collisions de valeurs peut s'avérer particulièrement pénible quand on a été encouragé ou contraint à adopter certaines valeurs ou du moins à vivre conformément à des valeurs qui ne sont pas les siennes, mais celles de gens qui ont du pouvoir sur soi. Cela s'explique par diverses raisons, dont les plus fréquentes sont:

- la dépendance financière de la femme vis-à-vis de l'homme, aussi bien dans la vie professionnelle que familiale;
- le désir de bien s'entendre, de maintenir la paix, d'éviter les discussions et les disputes;
- le manque de confiance en ses propres perceptions, ses idées, ses opinions et ses valeurs.

En conséquence, il se peut donc que:

- on adopte la religion de son conjoint ou son parti politique;
- on accepte de déménager dans un endroit que son conjoint aime, mais qu'on n'apprécie pas;

- on va camper à contrecœur;
- on reçoit à dîner des gens qu'on n'apprécie pas particulièrement;
- on sort avec des clients de l'entreprise où on travaille ou on use de son charme aux réceptions données au bureau.

On craint particulièrement les conflits de valeurs si on a été incité à se montrer conciliant et gentil et à ne pas faire confiance à ses propres perceptions. Certains participants avouent fréquemment: «Je n'ai guère confiance en mon propre jugement.» Ce manque de confiance en soi et ce doute amènent à éviter une confrontation qui forcerait à se révéler et à affirmer ses croyances profondes. Par crainte de l'autorité, on a tendance à «se montrer d'accord avec des idées qu'on réprouve plutôt que de courir le risque d'une confrontation ouverte avec quelqu'un de plus instruit ou de plus expérimenté».

Les conflits de valeurs peuvent aider à surmonter de telles difficultés. Mieux que tout autre, ils offrent la possibilité de s'épanouir et d'aider les autres à en faire autant. Par ces expériences, on peut gagner de l'assurance, mieux se connaître et mieux percevoir les autres. Éviter ces conflits ne les fait pas disparaitre pour autant: cette fuite peut même accentuer ces différences et détériorer ses relations.

Il est sain d'apprendre à se fier à ses propres perceptions de la réalité et à développer la confiance et le courage de s'affirmer et de défendre ses valeurs.

Mais comment déterminer qu'on s'est engagé dans une collision de valeurs? Diverses situations sont possibles:

- on n'accepte pas le comportement de l'autre;
- l'autre a refusé de modifier son comportement, même si on lui a exprimé un message «je» de confrontation;
- l'autre ne voit pas en quoi un changement de sa part pourrait avoir un effet tangible ou concret sur soi;
- l'autre ne croit pas avoir un problème, même si on est convaincu du contraire.

Déterminer la différence de valeurs

Pour traiter une collision de valeurs, il importe d'abord de comprendre la véritable différence entre soi et l'autre personne. Les procédés les plus efficaces pour déterminer ces différences demeurent les messages «je» et l'écoute active.

Les différences de valeurs apparaissent lorsque:

- on essaie d'émettre un message «je» et on trouve difficile d'expliquer l'effet tangible que produit le comportement de l'autre sur soi;
- le message «je» de confrontation est inefficace (c'est-à-dire que l'autre personne ne modifie pas son comportement);
- l'autre refuse de résoudre le conflit par la méthode sans perdant.

Bon nombre de collisions de valeurs résultent simplement d'un manque de communication, d'une certaine incapacité à s'affirmer. Très souvent, quand on parvient à définir clairement la différence de valeurs, on découvre, l'un ou l'autre, ou tous les deux, un aspect important et jusque-là inconnu à propos de l'autre personne.

Cette seule étape suffit souvent à atténuer ou même à résoudre la collision de valeurs. Quand on comprend à quel point l'autre est profondément attaché à cette valeur, pourquoi il y tient et comment il en est arrivé à l'adopter, on parvient à mieux le comprendre et on devient plus tolérant envers ses valeurs et son comportement.

Chacun peut se rappeler des situations où cela lui est déjà arrivé. On s'est, par exemple, lié d'amitié avec une personne extrêmement économe, ou peut-être même avare. Au début, on se sentait irrité de toujours l'entendre parler d'argent. Puis, quand on l'a mieux connue, on a appris qu'elle avait souffert de la pauvreté pendant son enfance. On s'est alors rendu compte qu'on pouvait accepter sa frugalité. Elle n'avait pas changé, et ne changerait sans doute jamais, mais notre perception et notre attitude envers elle ont été modifiées. Par suite d'une évolution intérieure, on la comprenait mieux et on éprouvait une certaine compassion à son égard.

Une femme, dont le mari avait pris sa retraite tandis qu'elle atteignait l'apogée de sa carrière, explique comment cette approche lui a été utile:

> «J'hésitais à parler de mon travail avec lui, car j'avais peur qu'il ne se sente encore plus débranché. Mon sentiment d'hésitation provenait de l'impression qu'il n'approuvait pas ma carrière; j'étais persuadée qu'il acceptait très mal que je subvienne désormais à nos besoins. Par conséquent, notre relation est devenue tendue; on sait ce qui arrive quand on essaie de ne pas parler de choses qu'on a à cœur. L'abcès éclata quand il m'avoua à quel point il souffrait de se sentir ainsi exclu d'une dimension importante de ma vie. Je l'écoutai activement, et j'ai alors découvert qu'il était vraiment intéressé à mon travail, qu'il était fier de mes réalisations et qu'il acceptait notre arrangement financier.»

Définir les différences de valeurs peut se révéler une étape importante, en particulier quand on a constamment essayé de s'adapter aux valeurs des autres et qu'on n'a pas affirmé ses propres convictions. Il peut falloir beaucoup de temps et de réflexion pour prendre conscience de l'importance qu'on attache à telle croyance ou à telle valeur et pour trouver le courage de l'affirmer franchement et clairement, surtout à des gens qui, depuis longtemps, s'attendent à ce qu'on pense et agisse d'une certaine façon.

Comment traiter les collisions de valeurs

Voici plusieurs techniques pour traiter les collisions de valeurs dans ses relations; aucun de ces moyens ne préconise d'abandonner ses valeurs ni de s'accommoder de celles de l'autre à contrecœur:

- apprendre à vivre avec les différences;
- modifier ses propres valeurs;

- obtenir de l'autre un changement de comportement par la méthode sans perdant, sans changer sa valeur;
- influencer les valeurs de l'autre;
- modifier la relation.

Apprendre à vivre avec les différences

Est-il difficile d'accepter quelqu'un qui choisit d'être différent de soi ou qui a une autre façon de voir la réalité? Si oui, pourquoi? Les gens doivent-ils être identiques à soi pour qu'on les aime? En fait, on peut accepter les autres. On peut reconnaître qu'il existera toujours des différences de valeurs.

Il y aurait beaucoup à dire sur ce sujet. Avoir des valeurs incompatibles n'est pas une raison suffisante pour briser une amitié, divorcer ou rompre une relation professionnelle. Les différences de valeurs peuvent rendre les échanges plus intéressants, plus passionnants et plus stimulants; ces différences empêchent de sombrer dans l'ennui (ce qui arrive souvent quand deux personnes ont constamment une identité de points de vue). Tout l'intérêt de certaines relations et amitiés ou de certains mariages repose sur la complémentarité de points de vue différents et la stimulation incessante qu'offre cet échange perpétuel aux deux parties.

Modifier ses propres valeurs

Quand on a bien cerné les différences de valeurs, il est utile de se poser des questions telles que: «Est-ce que je peux réviser mes valeurs et tenter de me rapprocher du point de vue de l'autre? Est-ce que je suis disposé à expérimenter la valeur de l'autre et éventuellement apporter quelques changements à ma façon de penser?»

Modifier ses propres valeurs constitue une occasion de développement personnel. On se dit en fait: «J'ai mes propres idées, mais les tiennes peuvent être tout aussi valables, peut-être même meilleures. Je suis prêt à t'écouter et à m'ouvrir à tes valeurs.»

Il est essentiel de faire cette démarche *délibérément*. Il est important que sa décision de changer une valeur s'appuie sur un désir profond de le faire, et non sur une façon de s'accommoder ou de céder à quelqu'un d'autre. Se modifier soi-même est efficace seulement quand ce changement est authentique et le fruit d'un apprentissage personnel. S'efforcer d'adopter des attitudes ou effectuer chez soi des changements qui ne sont pas naturels mènera probablement à un échec, et cet effort produira des effets nocifs sur soi et sur ses relations.

S'accrocher à des valeurs dépassées empêche d'expérimenter de nouvelles façons de voir et des manières stimulantes de penser et d'agir. Cela ne signifie pas pour autant qu'on doive (ni qu'on puisse) faire table rase des valeurs qu'on s'est forgées tout au long de sa vie. Ce procédé invite à considérer de nouvelles idées avec une attitude d'ouverture, ce qui est essentiel à un sain développement personnel.

Voici l'expérience d'un couple qui a changé la valeur selon laquelle «toute la famille doit toujours manger ensemble».

> «Ma femme et moi avions un problème à propos du repas du soir: nous devions souvent attendre que les enfants soient rentrés pour nous mettre à table. Nous partagions tous deux la valeur selon laquelle toute la famille doit manger ensemble au repas du soir. Irrités, nous faisions de nombreux appels téléphoniques pour les retracer ou nous en envoyions un chercher l'autre. Finalement, nous avons décidé d'essayer de changer notre valeur et de manger sans eux quand ils n'arrivaient pas à temps. Nous avons découvert que cela nous permettait de parler ensemble d'une façon tout à fait différente; et nous avons trouvé l'expérience très agréable. Les enfants prennent leur repas quand ils arrivent, sans problème pour eux.»

Se convertir à une autre religion ou adhérer à un autre parti politique sont des façons assez radicales de modifier ses propres valeurs. On change plus souvent de façon progressive et nuancée. Pour se modifier soi-même, on peut envisager certaines des possibilités suivantes:

- On peut changer de point de vue sur certains sujets. Même si on est convaincu que son point de vue est le plus sensé, on peut faire une certaine recherche sur les arguments opposés. On essaie d'obtenir autant d'information que possible sur les deux côtés de la médaille, puis on réévalue son point de vue en prenant en considération ce qu'on a appris.
- On peut remettre en question l'utilité de ses valeurs et revoir l'importance véritable qu'on leur accorde maintenant. Puis on se pose la question: «Est-ce que je m'y accroche par habitude ou entêtement, ou remplissent-elles vraiment une fonction essentielle pour moi maintenant?»
- On peut se demander si on a le monopole de la vérité en matière de préférences culturelles, de style de vie, d'habitudes de travail, de religion, de politique, d'habillement, de morale.
- On peut se demander si on aime vraiment les gens, en général, ou seulement certains types de personnes. On peut s'observer pour voir si on rejette automatiquement les valeurs des gens qu'on n'aime pas.
- On peut s'accepter soi-même davantage. Si on s'estime, il est plus facile d'estimer les autres. Des études récentes ont démontré un lien étroit entre l'acceptation de soi et l'acceptation des autres. Si on est intransigeant envers soi-même, il y a de grandes chances qu'on le soit également envers les autres.
- On peut en apprendre davantage sur les gens qui sont différents de soi. Il est amplement démontré qu'en connaissant mieux quelqu'un, on l'estime et on l'accepte davantage, et on le craint et on le rejette moins.

Quand on veut modifier ses valeurs, il est important de rester en contact avec soi-même et de suivre de près les changements qui s'opèrent en soi. Un moyen de le faire consiste à se demander, de temps à autre, si on est «fortement d'accord», «d'accord», «en désaccord», «fortement en désaccord» avec des affirmations de valeurs telles que:

- quand elle a de jeunes enfants, la femme doit demeurer au foyer;
- les femmes sont plus habiles à s'occuper des jeunes enfants que les hommes;
- les hommes et les femmes devraient être égaux devant la loi;
- un homme devrait pouvoir rester à la maison pour s'occuper de ses enfants pendant que sa femme travaille à l'extérieur du foyer;
- on devrait embaucher un pourcentage représentatif de femmes et de membres de minorités culturelles;
- les moyens contraceptifs devraient être disponibles pour tous, peu importe l'âge;
- le mari et la femme devraient être égaux en matière d'argent, même s'il n'y a qu'un salaire au foyer;
- les femmes sont responsables de leur propre oppression; elles ne peuvent en blâmer les hommes;
- les hommes forment un groupe privilégié dans notre société;
- en cas de divorce, la femme devrait obtenir la garde des enfants;
- une femme devrait avoir libre accès à l'avortement;
- toute activité sexuelle entre adultes consentants devrait être permise.

Après avoir pris position face à l'une ou l'autre de ces affirmations, on peut se poser les questions suivantes:

- Ma réaction aurait-elle été la même il y a cinq ou dix ans?
- Comment expliquer certains changements qui se sont produits dans mes convictions?
- Qui m'a influencé, quels sont les gens qui m'ont aidé à façonner mes valeurs actuelles?
- À présent, dans ma vie, quels sont les gens dont les valeurs sont incompatibles avec les miennes?

- Puis-je vivre avec ces différences?
- Sinon, est-ce que je peux réduire ces différences de valeurs en étant plus tolérant face au comportement des autres?

Obtenir de l'autre un changement de comportement par la méthode sans perdant

En plus de modifier ses propres valeurs — ou si on n'est ni disposé ni capable de changer —, on peut souhaiter amener l'autre à modifier au moins son comportement sinon sa valeur. On peut ainsi trouver la différence de valeur moins choquante et moins dérangeante.

Cependant, quand on décide d'essayer de changer les gens avec qui on a un conflit de valeurs, on devrait d'abord en considérer les risques. Le comportement humain est si imprévisible qu'on ne peut jamais être sûr des résultats de ses efforts quand on tente de changer quelqu'un. Les gens sont d'une extrême sensibilité dans le domaine des valeurs. En effet, ils les considèrent souvent comme très précieuses et quelquefois même comme des vérités éternelles et immuables. On ne peut dès lors négliger le risque de nuire à une relation lorsqu'on essaie de bousculer de telles croyances. Un artiste à la pige, qui a toujours eu un style de vie décontracté et bohème, dit:

> «Mon amie ne cessait d'essayer de me changer en un type d'homme propre, ordonné, ponctuel. Ce que je ne suis pas et ne veux pas être. J'ai finalement rencontré une autre fille qui était prête à me prendre tel que je suis.»

Il est possible que les autres soient disposés à modifier leur *comportement* à notre égard sans que leurs valeurs ne changent. Si on décide que ça vaut la peine de prendre le risque d'essayer de changer le comportement de l'autre personne, on doit se rappeler que la méthode sans perdant ne peut pas s'appliquer à une idée, à un style ou à une perception, mais seulement à un *comportement* spécifique que l'autre personne emploie pour manifester sa valeur. Souvent, on découvrira qu'à mesure que le comportement de l'autre change, la différence de valeurs devient beaucoup moins importante. Elle peut même disparaître. Plus important encore, on peut se rendre compte qu'on n'éprouve plus le besoin de changer la valeur de l'autre personne.

On peut résoudre des conflits de valeurs en obtenant de l'autre, par la méthode sans perdant, un changement de comportement. Voici quelques exemples:

> «Mon amie se fait un point d'honneur d'exposer dans chaque conversation ses convictions politiques qui sont opposées aux miennes. Elle tient à ses idées et n'a nullement l'intention de les changer. Cependant, elle accepte de ne pas en parler quand nous sommes ensemble.»

> «La chambre de mon enfant n'est pas à la hauteur de mes normes de propreté. Nous décidons d'un commun accord qu'elle garde sa porte fermée de sorte que je ne vois pas ce qu'il y a à l'intérieur.»

> «J'aime cuisiner, et quelquefois préparer le repas en revenant du travail, mais ma femme a toujours préparé les repas et a l'impression que la cuisine lui appartient. Elle essaie de me dire quoi et comment cuisiner, quel plat employer et ainsi de suite. Elle accepte dorénavant de me laisser la cuisine régulièrement et me laisse travailler à ma façon.»

> «J'aimerais beaucoup apprendre à piloter un avion, mais ma fille a très peur que je me blesse ou que je me tue. J'accepte de remettre à plus tard mes cours de pilotage jusqu'à ce qu'elle se sente à l'aise avec ce projet ou qu'elle ait quitté la maison.»

Tout comme dans les conflits de besoins, la solution doit convenir aux deux parties concernées. Personne ne doit avoir l'impression de perdre.

De tels changements de comportement suscitent souvent des sentiments de réciprocité. Accepter de changer ses propres comportements reliés à des valeurs, quand ils incommodent grandement quelqu'un, augmente de beaucoup les possibilités que l'autre personne soit ouverte à changer son comportement quand on en est incommodé ou agacé; cet avantage particulier peut rendre toute la relation plus chaleureuse.

Influencer les valeurs de l'autre

Amener les autres à simplement changer *leur comportement* peut quelquefois se révéler partiellement satisfaisant. On peut alors trouver qu'il est important de changer *leurs valeurs*. On a souvent cet «esprit missionnaire», cette envie d'améliorer la vie des autres. À un moment ou à un autre, on a pensé que le monde serait meilleur si seulement les autres partageaient nos goûts et nos opinions en matière de religion, de politique ou d'éthique. Et quelquefois, on croit que changer les valeurs de l'autre apparaît comme la seule issue à cette impasse.

Il n'y a évidemment pas de façon rapide et facile de changer les idées importantes chez les autres, pas plus qu'il n'est aisé de modifier ses propres valeurs. Pour parvenir à une conversion religieuse, on a habituellement besoin de longues heures d'étude et de conseils. En matière de politique, de morale et de goûts personnels, on passe rarement d'une attitude conservatrice à une attitude libérale, ou vice versa, sans passer par une série d'expériences qui amènent graduellement un changement de ses valeurs.

Voici deux procédés pour influencer les valeurs d'une autre personne: être un exemple et agir comme «consultant». Ce sont des méthodes assez courantes d'influencer les gens; on les emploie dans ses activités et ses rencontres quotidiennes. Mais, dans aucun de ces procédés, on ne tente d'influencer les autres en utilisant le pouvoir ou en exerçant un contrôle sur eux.

Être un exemple

Servir d'exemple aux autres est un procédé qu'on emploie d'une façon ou d'une autre, consciemment ou inconsciemment. Tout comme on est influencé par les autres, dans ses idées et ses actions, il est fort probable qu'on les a déjà aussi influencés. Tout jeune, on adopte évidemment comme modèles ses parents et ses professeurs, qui donnent constamment l'exemple par les croyances et les convictions que leurs actions traduisent. Une fois devenu adulte et ayant quitté la maison et l'école, on choisit d'autres personnes dont on s'inspire: amis, conjoint, collègues. De la même façon, on leur sert de modèle.

Vivre selon ses valeurs peut être le moyen le plus fiable de les communiquer aux autres. Mais jusqu'à quel point vit-on vraiment ce qu'on croit? On professe souvent une loyauté envers des croyances et des idées qu'on peut valoriser très fortement; cependant, il existe parfois un écart entre ce qu'on *dit* et ce qu'on *fait*. Cet écart se manifeste par des attitudes et des comportements contraires à ses valeurs:

Valeur affirmée	*Comportement réel*
On doit participer aux affaires de la collectivité.	On prend rarement le temps de voter.
On doit aider les gens défavorisés.	On ne donne jamais aux organismes d'aide.
Les préjugés religieux et raciaux sont à bannir.	On appartient à une association qui restreint l'adhésion.
Il est important de protéger l'environnement.	On circule toujours en voiture plutôt que d'emprunter les transports publics.
Les gens âgés méritent une considération particulière.	On ne trouve pas le temps de visiter ses parents âgés qui vivent en foyer.
On devrait sympathiser avec les gens en difficulté et les aider.	On évite de s'engager face aux problèmes des autres.
Il est essentiel de communiquer et de s'affirmer pour entretenir de bonnes relations.	On dit aux gens ce qu'ils aiment entendre.
Les adolescents ne devraient pas fumer ni prendre de la drogue.	Comme parent, on abuse de l'alcool.

Très souvent, on est inconscient de l'importance de l'influence qu'on a sur ses collègues, sa famille, ses amis et en particulier sur ses enfants. Les gens de son entourage observent attentivement ce qu'on dit et ce qu'on fait. Qu'on soit franc ou qu'on masque ses sentiments, qu'on veuille résoudre un conflit ou qu'on soit déterminé à agir à sa guise, les gens avec qui on vit et on travaille enregistrent ces comportements et souvent les imitent.

Pour que les autres suivent notre exemple, il est essentiel de *mettre en pratique ce qu'on prêche.* L'attitude «Faites ce que je dis, ne faites pas ce que je fais» n'est pas un moyen efficace d'influencer les autres. Si on veut que ses collègues de travail soient honnêtes, tricher sur ses frais de déplacement créera l'effet contraire. Si on aime que les autres soient ponctuels, mieux vaut ne pas les faire attendre.

Si on veut que ses enfants aillent à l'église, mieux vaut les accompagner que les y envoyer. Si on ne veut pas qu'ils soient matérialistes, mieux vaut ne pas acheter un tas de choses dont on n'a pas vraiment besoin. Si on veut qu'à la fois ses filles et ses garçons deviennent des adultes autonomes, on fait participer toute la famille aux tâches domestiques sans distinguer ce qui est un «travail de femme» ou un «travail d'homme» et on encourage ses adolescents à travailler à temps partiel pour qu'ils supportent une partie de leurs dépenses.

Agir comme consultant

On peut aussi influencer les valeurs des autres en agissant comme «consultant», c'est-à-dire en leur faisant part de ses idées, de ses connaissances ou de son expérience.

On définit un consultant comme «une personne qui donne un avis professionnel ou qui rend des services dans le champ de sa compétence ou de sa formation». Lorsqu'on a recours aux services d'un consultant, on recherche l'aide d'un expert. On s'engage dans cette relation délibérément, et bien qu'on se prépare à suivre les conseils qu'on reçoit, on se réserve le droit de rejeter cet avis s'il ne satisfait pas ses besoins.

Voici la clé d'une consultation réussie: reconnaître que l'autre personne est libre de prendre ou de refuser son conseil; *on propose, on n'impose pas; on suggère, on n'insiste pas et surtout on ne prêche pas.*

Par exemple, à titre de directeur de la mise en marché d'une grande entreprise, on veut devenir plus efficace dans ses fonctions et améliorer le rendement de son service, alors on embauche un consultant. Après plusieurs semaines d'entrevues avec les membres du personnel, le consultant demande une rencontre et recommande:

> «Vous seriez beaucoup plus efficace si vous teniez des réunions hebdomadaires avec votre personnel. Les recherches démontrent que la productivité des équipes de travail augmente de quarante à cinquante pour cent quand le personnel participe à une réunion de travail hebdomadaire avec le directeur.»

On pense alors à cette suggestion, mais on conclut qu'elle ne répond pas aux besoins de son service. Un mois plus tard, le consultant revient pour un nouvel entretien:

Le consultant: Je vois que vous n'avez pas tenu de réunions hebdomadaires avec votre personnel tel que je vous l'avais suggéré. Je vous ai dit que ces réunions étaient nécessaires pour rendre votre service plus efficace. Pourquoi n'avez-vous pas suivi mes recommandations?

Le directeur: J'en ai conclu que je n'ai pas besoin de tenir de réunions hebdomadaires, parce que j'ai de très fréquents entretiens individuels avec les membres de mon personnel.

Le consultant: Les rencontres individuelles ne remplacent pas les réunions du personnel. De toute évidence, vous résistez à mes idées. Mais je vous assure que tout cela est pour votre bien.

Le directeur: J'apprécie votre geste, mais je crois que je dois me fier à mon propre jugement. Après tout, c'est moi qui suis responsable de ce service.

Le consultant: Vous avez une étrange façon de vous acquitter de vos responsabilités. Je vous avertis, vous aurez des ennuis. Vous rendez-vous compte que vous réagissez comme un dirigeant médiocre? Vos méthodes sont complètement dépassées. Je suis sûr que vous ne conserverez pas votre poste très longtemps.

Quelles réactions provoquerait ce type d'entretien? Combien de temps prendrait-on avant de congédier ce consultant?

Dans ses relations personnelles, on risque aussi d'être «congédié» lorsqu'on est *agressif* plutôt qu'*affirmatif* en conseillant ses collègues, ses amis, son conjoint, ses enfants. L'efficacité comme consultant dépend avant tout de la perception des autres. S'ils nous voient comme quelqu'un de sage, de compétent, d'expérimenté, de sensible et qui a des valeurs saines, on a de toute évidence un grand potentiel comme agent d'influence. L'agressivité diminue l'efficacité, comme on l'a vu. Et on reconnaît un consultant efficace à ce qu'il laisse la porte ouverte pour influencer, en d'autres circonstances, la pensée et le comportement des autres quand la situation aura évolué.

Pour être un consultant efficace, il faut:

- présenter des faits, des chiffres et des idées solidement fondés;
- laisser à l'autre personne la responsabilité de changer, c'est-à-dire d'«acheter» ou non les idées ou les suggestions du consultant;
- ne pas harceler l'autre personne. Essayer de l'influencer une seule fois, à moins qu'il ne se produise un changement important dans la situation (par exemple, on découvre une nouvelle information) ou que l'autre demande conseil à nouveau.

Pour réussir une consultation efficace, on a besoin de deux techniques:

- présenter clairement ses propres valeurs et expliquer pourquoi elles sont importantes pour soi (*messages «je» de révélation*);
- écouter véritablement l'autre pour lui manifester qu'on accepte sa réticence face aux valeurs qu'on a présentées et lui permettre d'affirmer ses propres valeurs (*changement de position: passer à l'écoute active*).

Voici comment on peut agir comme consultant en matière de valeurs personnelles:

Objectif	*Procédé*
Influencer une amie pour qu'elle perde du poids.	Lui faire part de sa propre expérience, lui prêter des livres et des articles sur l'embonpoint.
Encourager son conjoint à changer d'emploi.	Se renseigner sur des emplois qui, croit-on, lui plairaient et lui en parler.
Inciter sa fille à rompre avec son petit ami qui la rend malheureuse.	Lui parler d'une expérience semblable qu'on a vécue.

Voici une situation relatée par un participant:

«Mon fils a récemment quitté l'hôpital après un séjour pour y traiter une dépression et un abus de drogue. Quand il est revenu à la maison, il voulait continuer d'entretenir des relations avec ses anciens amis. Cependant, plusieurs d'entre eux continuaient de consommer de l'alcool et des drogues. La veille du jour de l'an, il fut invité à une fête avec ses amis et il était évident qu'il se retrouverait là au milieu de gens qui consommaient de l'alcool. J'ai dit à mon fils que je préférerais qu'il n'y aille pas parce que j'avais peur que la tentation soit trop forte pour qu'il puisse y résister. Cependant, j'ai ajouté que la décision lui appartenait et que je ne l'empêcherais pas d'y aller. Le lendemain, il m'a expliqué qu'il avait trouvé très difficile d'être parmi ses amis qui buvaient, mais qu'il s'en était abstenu et qu'il était fier de sa décision.»

Modifier la relation

Si aucun de ses efforts ne résout la différence de valeurs de façon qu'on — l'autre personne et soi-même — puisse vivre avec cette différence, il faudra peut-être modifier la relation ou y mettre fin. Bien que ce soit là une décision très difficile à prendre, ce geste peut avoir des effets très positifs. Mettre fin à une relation destructrice et insatisfaisante peut constituer un pas décisif pour construire son identité personnelle et vivre selon ses propres valeurs et en fonction de ses besoins.

On peut décider avec son ami qu'on se verra moins souvent à l'avenir, puisqu'on passe la majeure partie du temps à se disputer. Si on se trouve coincé dans un conflit insoluble avec son directeur, on peut demander d'être muté dans un autre service ou commencer à chercher un autre emploi. Si, dans sa vie de couple, on rencontre de graves problèmes et qu'on ne voie aucun espoir de les régler, on peut éventuellement décider de divorcer. Cependant, on choisit souvent de mettre fin à des relations sans avoir exploré pleinement les façons de régler ses problèmes.

Les risques de recourir au pouvoir pour résoudre des collisions de valeurs

On peut être tenté d'employer le pouvoir pour influencer l'issue d'une collision de valeurs; on peut y voir une solution rapide comparativement aux autres approches qui sont plus complexes et demandent plus de temps; et on peut considérer qu'on doit conserver le pouvoir dans la relation.

On peut obliger sa fille à poursuivre ses études. On peut imposer à son employé une façon différente de se vêtir. Mais comme on le sait, ces stratégies de pouvoir comportent souvent un risque élevé pour la suite de la relation. Il est peu probable qu'une telle attitude ait un quelconque effet positif sur les valeurs de l'autre. En fait, quand on utilise le pouvoir dans le domaine des valeurs, on est presque assuré de se faire «congédier» comme consultant.

On devient un agent d'influence quand on est un modèle et lorsqu'on agit comme consultant: on donne ainsi aux gens l'occasion de changer en encourageant leur évolution. L'intégration de nouvelles valeurs dans leur vie peut être lente et progressive, mais elle sera durable si elle n'est pas imposée; ces valeurs s'inscriront dans leur apprentissage et leur développement.

Exercer son influence revient à dire:

> «Je n'ai aucun pouvoir sur toi, mais voici les faits et les chiffres sur lesquels s'appuie ma conviction. Je te laisse assumer la responsabilité de changer. Je ne vais pas te harceler ni te quereller si tu ne fais pas les changements que j'ai suggérés. Je veux t'influencer et surtout préserver une bonne relation avec toi. Je reconnais que les résultats de mes efforts comme consultant restent incertains.»

Utiliser des méthodes fondées sur le pouvoir dans des situations de collision de valeurs prive les gens d'une occasion d'évoluer à leur propre rythme et à leur façon. On applique alors une approche «révolutionnaire»: le changement immédiat par la coercition. Le message qu'on émet est alors perçu ainsi:

> «Je ne te fais pas confiance pour changer seul, j'emploierai donc tout le pouvoir dont je dispose pour te forcer à changer car, en fin de compte, c'est pour ton bien.»

On justifie souvent l'emploi du pouvoir pour modifier les valeurs d'un autre en disant que c'est dans son intérêt. Mais, si on relit l'histoire, on est étonné de tout ce que les gens ont été forcés d'accepter au nom de «leur propre intérêt»! Voilà qui devrait inciter à la réflexion ceux qui veulent forcer les autres à changer. Les méthodes qui ne reposent pas sur le pouvoir, et que chacun peut adapter en fonction de ses besoins et de son expérience, produiront plus sûrement le changement qu'on désire et que l'autre accepte vraiment.

Chapitre 13

Aider une personne qui a un problème

En relation d'aide, on cherche à favoriser chez l'autre une appréciation plus grande de ses ressources internes latentes ainsi qu'une expression et un meilleur usage de ces ressources.

Carl Rogers, *Le développement de la personne*

Que faire quand une personne avec qui on entretient une relation a un problème, est préoccupée ou a des besoins non satisfaits? On porte maintenant son attention sur la partie supérieure du rectangle de comportements, celle où le problème appartient à l'autre.

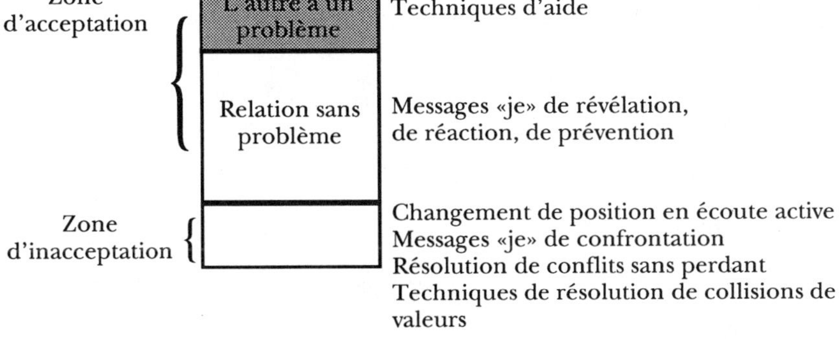

Lorsqu'une autre personne vit un problème par lequel on n'est pas concerné, son comportement si situe dans la zone d'acceptation. On peut alors lui offrir une aide librement et de bon gré. Souvent, mais pas toujours, on souhaite aider ses proches — époux, enfants, amis, parents, collègues — à régler leurs difficultés. La formation «Communication efficace» propose des techniques spécifiques pour atteindre cet objectif; il est utile de revoir d'abord ce qu'on fait habituellement quand on désire aider.

Réponses inefficaces quand l'autre a un problème: les obstacles à la communication

Quand une autre personne éprouve un problème (donc qui lui appartient) et qu'on décide de lui offrir son aide, on peut vouloir l'aider à résoudre ce problème en lui donnant de bons conseils, en lui posant des questions ou en la rassurant. Souvent, on agit ainsi parce qu'on pense devoir fournir les réponses et résoudre soi-même le problème. Ou alors, on devient tellement mal à l'aise de voir les autres préoccupés ou bouleversés, et en particulier ses enfants, qu'on veut à tout prix les aider à se débarrasser de leur problème au plus vite.

De telles tentatives d'aide, si bien intentionnées soient-elles, présentent plus d'inconvénients que d'avantages et empêchent la personne qui éprouve le problème de s'exprimer et de communiquer.

Voici des réponses qui constituent des obstacles à la communication:

1. Ordonner, diriger, commander

Arrête de pleurer!

Ne t'inquiète pas tant!

Cesse de te plaindre!

Va faire ton travail!

N'y pense plus!

De telles répliques dictent à l'autre quoi faire en lui donnant des ordres ou des commandements. On lui dit ainsi que ses sentiments ou ses besoins ne sont pas importants, qu'il doit se conformer à ce qu'on ressent ou à ce qu'on désire. On communique aussi à l'autre qu'on ne l'accepte pas tel qu'il est à ce moment-là. Ces messages engendrent du ressentiment ou de la colère et amènent souvent l'autre à exprimer de l'hostilité, à contre-attaquer, à résister ou encore à tourner la conversation en polémique. Ces messages peuvent également sous-entendre qu'on n'a aucune confiance dans les capacités ou dans le jugement de l'autre.

2. Menacer, mettre en garde, avertir

> Tu ferais mieux de lui faire des excuses ou tu le regretteras plus tard.
>
> Si tu ne cesses pas de boire, tu finiras par perdre ton emploi.
>
> Si tu arrives encore en retard au travail, tu auras de sérieux ennuis.
>
> Si tu ne commences pas tout de suite à travailler plus fort dans ce cours, tu échoueras.

Ces messages avisent l'autre des conséquences qu'il récoltera s'il fait ou ne fait pas telle chose et peuvent le rendre craintif et soumis. En servant de telles remarques, on engendre le ressentiment et l'hostilité, de la même manière que si on ordonne, commande ou dirige. Face à ces avertissements ou ces menaces, les gens réagissent quelquefois en disant ou en pensant: «Je me fiche de ce qui arrive, car j'éprouve encore le même sentiment.»

Ces messages incitent à mettre ces menaces à l'épreuve en faisant, par exemple, exactement le contraire de ce qu'on exige, simplement pour voir si les conséquences promises se réalisent vraiment.

3. Moraliser, prêcher, sermonner

Tu ne devrais jamais mentir.

Je pense que tu dois y aller.

Tu devrais l'aider à s'en sortir.

Tu aurais dû me le dire depuis longtemps.

Ne fais pas aux autres ce que tu ne voudrais pas qu'ils te fassent.

Il est rarement utile de dire aux autres ce qu'ils devraient faire. De tels messages font peser sur eux le poids d'une autorité, d'un devoir ou d'une obligation extérieure. Ils réagissent souvent aux «tu devrais», «tu dois» «il faut que tu» en résistant et en défendant leur position avec une vigueur accrue. Ces messages leur laissent entendre qu'on manque de confiance dans leur capacité de juger par eux-mêmes des idées et des valeurs qui leur conviennent, et suggèrent implicitement qu'ils feraient mieux d'accepter ce que «les autres» considèrent être bien. Ils peuvent également les culpabiliser, en leur donnant l'impression d'être «méchants».

4. Conseiller, suggérer, donner des solutions

Je pense qu'il serait bon pour toi d'y repenser pendant quelques jours.

Pourquoi n'essaies-tu pas tout simplement de trouver un autre emploi?

La meilleure solution pour toi est encore d'oublier tout ce qui s'est passé.

Je pense que tu devrais envisager le divorce.

Pourquoi ne décides-tu pas tout simplement de cesser de fumer, si cela t'inquiète à ce point?

On répond souvent aux problèmes des autres en leur disant précisément comment les résoudre. Or, les gens y voient souvent la preuve qu'on n'a pas confiance dans leur jugement ou dans leurs capacités de trouver des solutions. De tels messages les encouragent à devenir dépendants de soi et à cesser de penser par eux-mêmes. Les gens détestent souvent les conseils et les suggestions, car ils sous-entendent qu'on leur est supérieur. Ou bien ils se croient inférieurs et se disent: «Pourquoi n'y avais-je pas pensé?» Ou encore ils soupirent: «Tu sais toujours mieux que moi ce qu'il faut faire.» De plus, les conseils peuvent aussi donner aux autres l'impression qu'on n'a pas compris le véritable problème.

5. Persuader par la logique, argumenter, faire la leçon

Je vais t'expliquer en quoi tu as tort.

Je suis certain d'avoir raison sur ce point.

Je vais t'apprendre comment bien t'entendre avec les hommes.

Crois-en mon expérience, cela ne marchera pas!

Tu ne sais donc pas que…?

Ces paroles visent à influencer l'autre par des faits, des arguments contraires, des informations, des opinions personnelles ou des appels à la logique. Lorsqu'on veut être un agent d'aide, il est parfois difficile de ne pas jouer le rôle du «professeur» ou de ne pas invoquer des arguments logiques.

Cependant, de tels procédés donnent souvent l'impression aux autres qu'on veut les faire passer pour des êtres inférieurs, subalternes ou incapables. Ils les mettent sur la défensive et les irritent. Rares sont ceux qui aiment à savoir qu'ils ont tort. Cela les incite à défendre leur position encore plus vigoureusement. De plus, les gens trouvent souvent pénible qu'on leur fasse la leçon et s'y montrent peu réceptifs. Ils sont prêts à déployer beaucoup d'énergie pour réfuter les «faits» qu'on leur présente. Ils peuvent même les ignorer et adopter une attitude de je-m'en-foutisme.

6. Juger, critiquer, blâmer

Regarde ce que tu as fait!

Si tu te montrais un peu moins indulgent envers toi-même, tu pourrais cesser de boire.

Tu es parmi les gens les plus paresseux que j'aie jamais vus!

Si tu l'avais fait comme il faut la première fois, cela ne serait pas arrivé!

Quand on écoute les autres exposer leurs problèmes, on a souvent tendance à porter un jugement défavorable, une évaluation négative. Ces messages, sans doute plus que les autres, leur donnent le sentiment d'être incapables, stupides, inférieurs, méprisables ou méchants. Les jugements et les appréciations qu'on leur transmet contribuent largement à former l'image qu'ils se font d'eux-mêmes. De plus, les critiques négatives suscitent les contre-attaques: «Tu n'es pas si formidable toi-même» ou «Depuis quand es-tu parfait!» Les jugements incitent fortement les gens à se renfermer. Ils apprennent très vite qu'il est dangereux de révéler leurs problèmes et de faire part de leurs difficultés. Les gens détestent qu'on les juge négativement et réagissent par la défensive pour protéger l'image qu'ils ont d'eux-mêmes. Souvent, même si elles sont exactes, ils se mettent en colère contre l'auteur de ces évaluations et lui en veulent.

7. Complimenter, approuver, flatter

Eh bien! Je pense que tu as vraiment très bien travaillé.

Tu es une des rares femmes qui auraient été capables de faire cela.

Tu as un tel potentiel!

Je pense que tu as fait preuve d'un très bon jugement.

Vous travaillez si bien sous pression.

On pense souvent qu'un jugement positif ou une appréciation favorable aidera l'autre à surmonter son problème. Contrairement à la croyance générale, les compliments ne produisent pas toujours des effets bénéfiques; ils peuvent même produire des effets très néfastes. Une évaluation positive qui ne correspond pas à l'image que l'autre se fait de lui-même peut provoquer une réaction agressive («Je ne suis pas un bon danseur» ou «Mes cheveux sont horribles coiffés de cette façon, je déteste cette allure»).

Les gens concluent que si on les juge favorablement, on les jugera tout aussi facilement d'une manière défavorable dans une autre situation. De plus, si on prend l'habitude d'adresser des compliments, le simple fait de ne pas complimenter pourra être interprété comme une critique. Un compliment peut être interprété par les autres comme une désapprobation à leur égard, puisqu'en comparaison ils ne sont pas aussi bons. Les compliments ont donc tendance à promouvoir l'esprit de compétition, la course à la visibilité ou le besoin de collectionner «des bons points».

Les compliments sont souvent ressentis comme des manipulations, des façons subtiles d'amener les autres à faire ce qu'on veut: «Tu ne dis cela que pour me faire travailler encore plus fort.» Les gens sont souvent mal à l'aise face aux compliments, surtout quand ils leur sont adressés en présence d'autres personnes. En faisant des compliments, on court le risque de rendre les gens tellement dépendants de ces messages qu'ils deviendront incapables d'agir sans cette approbation constante.

8. Ridiculiser, humilier, étiqueter

Tu es tellement à cheval sur l'exactitude!

Fouineur!

Tu es un phallocrate!

Tu es un mauvais perdant!

Tu es une obsédée de la propreté!

Ces messages donnent aux autres l'impression d'être idiots, méchants ou dans l'erreur. Ils peuvent avoir des effets fort destructeurs sur l'image que les gens ont d'eux-mêmes. Les gens réagissent souvent à de tels messages en retournant la pareille: «Mon vieux, quel grognon!», «Et c'est toi qui oses me traiter de paresseux!»

Les surnoms peuvent déclencher de tels réflexes de défense chez l'autre qu'il ne pense plus qu'à argumenter et à contre-attaquer au lieu de réviser sa propre attitude. «Je ne te manque pas de respect... c'est toi qui es trop exigeant!»

9. Diagnostiquer, interpréter, psychanalyser

Tu fais cela pour attirer l'attention.

Tu es jaloux, tout simplement.

Tu t'en prends à moi à cause de ce que je t'ai dit hier.

Je vois; tu as un problème avec toute forme d'autorité.

Vous n'auriez pas dit cela à une femme!

Par ces messages, on indique à l'autre ses «véritables» motifs, on analyse les causes de ses paroles ou de ses actes, on lui fait savoir qu'on a «découvert son jeu» et fait un diagnostic. De tels messages peuvent présenter une grave menace aux yeux de l'autre. Si l'analyse est exacte, il peut se sentir embarrassé d'être ainsi «mis à nu»; si elle est erronée, comme c'est souvent le cas, il sera furieux d'avoir été injustement accusé. Analyser et diagnostiquer sont des répliques qui irritent les autres parce qu'ils ont l'impression qu'on se croit supérieur.

Ces messages ont tendance à bloquer chez les autres tout désir de communiquer, et ils apprennent ainsi à ne plus faire part de leurs sentiments.

10. Rassurer, consoler, sympathiser

Tu te sentiras mieux demain face à tout ça.

Tu rencontreras quelqu'un d'autre; de toute façon, ce n'était pas ton genre.

Tu t'en remettras, donne-toi du temps tout simplement.

Ne t'inquiète pas, je suis sûr que tu feras un excellent travail.

Tu verras, tout ira pour le mieux.

Il est tentant de remonter le moral de la personne qui a un problème en lui faisant oublier ses sentiments, en minimisant ses difficultés et en niant l'importance de ses problèmes. Même si on les croit utiles, ces messages le sont rarement. Rassurer quelqu'un qui se sent bouleversé lui confirme seulement qu'on ne le comprend pas. («Tu ne dirais pas cela si tu savais comme j'ai peur.»)

Souvent, on rassure les autres parce qu'on est mal à l'aise face à l'intensité des sentiments exprimés et qu'on souhaite ne pas en entendre davantage. Des messages de ce genre laissent entendre aux autres qu'on désire qu'ils cessent d'éprouver certains sentiments. Les gens peuvent aisément y déceler une tentative subtile et indirecte de les changer.

11. Enquêter, questionner, interroger

Depuis quand penses-tu à cela?

Qui t'a persuadé de faire une chose pareille?

Pourquoi en parles-tu seulement maintenant?

Que comptes-tu faire à ce sujet?

Ton patron est-il au courant?

Ces réponses témoignent des efforts qu'on fait pour trouver des raisons, des motifs, des causes ou pour obtenir plus d'information pour résoudre le problème de l'autre. Cependant, ces questions révèlent souvent un manque de confiance, un soupçon ou un doute envers l'autre. Elles sont quelquefois interprétées par l'autre comme des tentatives de le «coincer». («Combien de bières bois-tu par jour? Six? Pas étonnant que tu prennes du poids!»)

Les questions peuvent être perçues comme des menaces, surtout quand l'interlocuteur ne comprend pas pourquoi on les lui pose. Et, bien souvent, il réplique à une question par une autre question: «Pourquoi me demandes-tu ça?», «Où veux-tu en venir?» Pour se défendre, il répond comme par réflexe: «Je ne sais pas.» Si on questionne une personne qui fait part de son problème, elle en déduira généralement qu'on recueille des données pour résoudre son problème pour elle au lieu de lui laisser trouver ses propres solutions. Rares sont les gens qui souhaitent qu'on trouve des réponses à leur place.

Quand on interroge quelqu'un qui parle de son problème, à chaque question on restreint sa liberté de parler de ce qu'elle veut; on lui dicte, en quelque sorte, son prochain message. Si on lui demande: «Depuis quand éprouves-tu ce sentiment?», on l'oriente à parler seulement de l'origine de ce sentiment et de rien d'autre.

12. Dévier, esquiver, distraire

Allons prendre un bon repas et oublions cela.

Nous en parlerons plus tard.

Et tu crois que tu as des problèmes!

Ce que tu me racontes me rappelle des problèmes que j'ai eus autrefois.

Parlons de choses plus joyeuses.

Cette catégorie de réponses comprend les messages qui révèlent un désir d'éviter le sujet, de distraire la personne en difficulté, de la détourner de ses préoccupations par des blagues ou autres. De tels messages peuvent laisser entendre à l'autre personne qu'on ne s'intéresse pas à elle, qu'on ne respecte pas ses sentiments et même qu'on la rejette. Quand quelqu'un éprouve un réel besoin de parler d'une situation qui lui tient à cœur, il s'attend à ce qu'on le prenne au sérieux. Si on lui répond par une plaisanterie, il se peut qu'il se sente blessé, rejeté ou rabaissé. Ces tentatives de diversion semblent porter fruit sur le moment, mais les sentiments réapparaissent souvent par la suite.

On ne cherche pas à éliminer définitivement de sa conversation ces douze réponses typiques. En effet, s'il vaut mieux éviter de les utiliser quand l'autre personne vit un problème, plusieurs d'entre elles ne sont pas nocives et sont même utiles quand la relation se caractérise par une absence de problème.

Cinq éléments essentiels pour être un agent d'aide efficace

Être un agent d'aide consiste à créer une occasion qui favorise l'évolution et l'épanouissement de l'autre. Lorsqu'on réussit à aider une personne qui tient une place importante dans sa vie, on voit habituellement son investissement de temps, d'attention et de considération récompensé, car la relation en deviendra plus profonde et plus durable.

Quelles sont les qualités requises pour être un agent d'aide efficace pour les gens qui nous confient leurs problèmes? Des chercheurs en sciences humaines ont relevé cinq éléments fondamentaux pour être un agent d'aide efficace: l'acceptation, l'empathie, l'authenticité, un certain degré d'épanouissement personnel et une impression de réciprocité.

L'acceptation

Accepter l'autre signifie lui permettre d'être qui il est, sans exiger qu'il change sa façon de penser ou modifie son comportement d'une manière qui ne correspond pas à sa véritable personnalité. Accepter l'autre ne signifie pas pour autant qu'on doive abandonner son sens critique ni préférer les valeurs de l'autre aux siennes. Cela signifie cependant que, pour pouvoir l'aider, on est disposé à le considérer avec bienveillance, à adopter une attitude neutre face à ses préoccupations et à lui laisser assumer la responsabilité de résoudre ses problèmes à sa façon. Cette attitude pourrait se formuler ainsi:

> «Je veux répondre efficacement à ta demande d'aide. Je choisis donc, consciemment, de mettre de côté mon jugement et mes valeurs, afin de m'identifier à toi le plus possible, en t'acceptant tel que tu es maintenant.»

L'empathie

En s'identifiant à l'autre, on réussit indirectement à percevoir ce qu'il ressent; on tente de se mettre «dans sa peau». Pour l'écouter d'une manière empathique, on se sert de son expérience personnelle afin de pressentir les sentiments ou les réactions de l'autre face aux circonstances particulières de sa vie. La réponse empathique est fondée sur les similitudes qui existent entre deux personnes. L'empathie requiert de la créativité parce qu'elle demande une certaine imagination pour se projeter dans le monde intérieur de l'autre. Même si on n'a pas vécu exactement la même expérience, en s'identifiant très étroitement à lui on peut comprendre ce qu'il vit. Par exemple, même si on n'a jamais été congédié, on peut comprendre ce que ressent la personne qui vient de perdre son emploi.

L'authenticité

Être authentique signifie entretenir une relation sincère et ouverte avec l'autre personne, et aussi être digne de confiance. Si on est perçu par l'autre comme faux, on a peu de chances de dire ou de faire quoi que ce soit qui l'aide vraiment, car il douterait de la sincérité du geste. Pour que l'autre bénéficie de notre aide, il a besoin de nous faire confiance.

Il est important de se révéler dans une relation d'aide. En se faisant connaître, on apprend jusqu'à quel point on est semblable ou différent de l'autre. En connaissant mieux ses propres besoins, on peut saisir plus précisément ceux des autres.

De plus, la personne qui se confie doit pouvoir se fier sur la discrétion; ne pas craindre qu'on la ridiculise, ni qu'on utilise ce qu'elle révèle contre elle plus tard. Elle doit aussi pouvoir être assurée qu'on est prêt à la confronter quand on éprouve des problèmes face à son comportement.

Un certain degré d'épanouissement personnel

Bien que l'acceptation, l'authenticité et l'empathie soient des éléments clairement souhaitables, sans un certain sentiment d'épanouissement personnel on ne sera sans doute pas tellement porté à assumer la fonction d'agent d'aide, du moins pas de façon régulière.

Voici l'expérience d'Hélène qui avait déjà établi sa propre agence de relations publiques à l'âge de trente ans. Après s'être mariée et avoir donné naissance à son premier enfant, elle a vendu son agence, bien décidée à se consacrer à sa famille. «J'adorais mon mari et mes enfants, mais j'avais un besoin désespéré de la stimulation et du sens d'accomplissement personnel que me procurait mon travail.» Les années ont passé et, après avoir donné naissance à deux autres enfants, elle essayait de compenser ses sentiments de culpabilité et de frustration en faisant des efforts de plus en plus ardus, quelquefois obsédés, pour sa famille. «Je prenais en charge tous leurs problèmes et je ne pouvais pas comprendre pourquoi, la plupart du temps, mon engagement ne faisait qu'empirer les choses. Je commençais à me considérer comme une ratée. À quoi étais-je bonne si je n'étais vraiment d'aucune utilité pour les gens qui m'étaient les plus chers au monde?»

En tentant de s'épanouir à travers sa famille, Hélène négligeait de prêter attention à certains de ses besoins personnels essentiels. Même si on veut rendre service aux autres, leur offrir affection et soutien, on éprouve souvent un sentiment de frustration que la psychothérapeute Jane Baker Miller décrit comme l'impression de «faire du bien et se sentir mal». Quand on a mis tant d'efforts et qu'on a tellement donné de soi-même, on est étonné et on se demande pourquoi on obtient de si piètres résultats.

Aider les autres ne supplée pas à la satisfaction de ses propres besoins. Si on le regarde sous cet angle, on éprouve souvent de la rancœur et de la colère face à sa propre impression d'être incomplet. On ne peut être un agent d'aide très efficace pour les autres si on laisse certains de ses besoins essentiels insatisfaits. Il est important de conserver un équilibre entre les deux. Pour être un agent d'aide vraiment efficace, on a besoin d'un certain degré de satisfaction et d'épanouissement dans sa propre vie.

Une impression de réciprocité

Finalement, quand on aide quelqu'un à régler ses problèmes, on doit avoir l'impression que cette relation offre la réciproque, du moins jusqu'à un certain point.

On a probablement déjà vécu l'expérience d'écouter de bon gré et d'aider volontiers un ami à résoudre ses problèmes, pour découvrir ensuite que, quand on éprouve une difficulté, l'autre n'est pas disposé à faire de même. On a peut-être eu alors l'impression d'être trompé et d'être désormais moins disposé à l'écouter.

On a besoin de sentir que la relation est fondée sur l'équité, la réciprocité et la coopération (même lorsqu'il s'agit d'aide). Cette attitude pourrait s'exprimer ainsi:

> «Je suis disposé à t'aider quand tu as un problème et j'aimerais présumer que tu ferais la même chose pour moi.»

Procédés d'écoute passive

Quand une autre personne donne un indice verbal ou non verbal qu'elle vit un problème, on peut l'aider efficacement à faire face à ses sentiments difficiles en pratiquant l'écoute passive. Les réponses d'écoute passive montrent à la personne bouleversée qu'on l'accepte, qu'on la reconnaît et qu'on l'encourage à continuer de se confier. Les réponses d'écoute passive comprennent: l'attention, le silence, les simples réceptions, les invitations.

L'attention

Être attentif signifie être physiquement présent à l'autre personne quand elle exprime un problème. On démontre ainsi sa disposition à écouter en demeurant dans la même pièce, en ne s'affairant pas à d'autres tâches, en se plaçant face à l'autre personne et en maintenant avec elle un contact visuel constant.

Le silence

La capacité de demeurer silencieux et d'écouter passivement quand l'autre personne exprime un problème peut être très utile. On l'encourage ainsi à s'exprimer, surtout lorsqu'elle commence tout juste à exposer son problème ou lorsqu'elle éprouve un sentiment vif et profond comme: la tristesse, la peur ou le désespoir.

Les simples réceptions

Ce sont de brèves expressions qui montrent qu'on est attentif. Jusqu'à un certain point, elles révèlent aussi son acceptation et son empathie. Elles comprennent des réponses telles que:

Mmm…!;
Mmm!;
Je vois;
Je comprends;
Oh!;
Ah bon;
Vraiment;
Je comprends bien ça.

Les invitations

Ces réponses invitent l'autre personne à s'exprimer davantage et à préciser ses pensées, ses idées et ses sentiments; elles manifestent son acceptation et révèlent sa disposition à aider. On dira alors, par exemple:

Veux-tu m'en dire plus à ce sujet?

J'aimerais en savoir davantage sur ce que tu ressens.

Aimerais-tu en parler?

Puis-je t'aider?

Parlons-en.

J'aimerais comprendre mieux ce que tu éprouves.

Tu sembles bien silencieux, ce soir. Quelque chose te tracasse?

Les procédés d'écoute passive s'avèrent efficaces pour amener l'autre personne à se sentir acceptée et à poursuivre sa communication. Leur utilité est cependant limitée quand on veut aider l'autre personne à communiquer, à comprendre et à résoudre son problème. On a alors besoin d'employer une façon de répondre qui demande qu'on joue un rôle beaucoup plus actif dans le processus de communication, l'écoute active.

L'écoute active

On s'est déjà familiarisé avec l'écoute active quand on a appris à changer de position pour aider à réduire la résistance face à ses messages «je». C'est aussi un procédé essentiel pour aider l'autre quand il a un problème. Par l'expérience, on découvrira que c'est le moyen privilégié de communiquer son acceptation et son empathie quand on joue le rôle d'agent d'aide. Bien que le procédé reste le même, l'attitude à adopter quand on aide une autre personne est différente de celle qu'on prend en changeant de position pour s'aider à satisfaire ses propres besoins. Voici un rappel du schéma qui décrit comment fonctionne la communication (pour une description plus complète, se reporter au chapitre 3):

LE MESSAGE DE MON AMI (ÉMETTEUR)
«Tu sais, cela fait maintenant deux semaines que je me sens très fatiguée. Cette sensation devrait avoir disparue depuis longtemps. Je me demande ce qui produit ce genre de fatigue.»

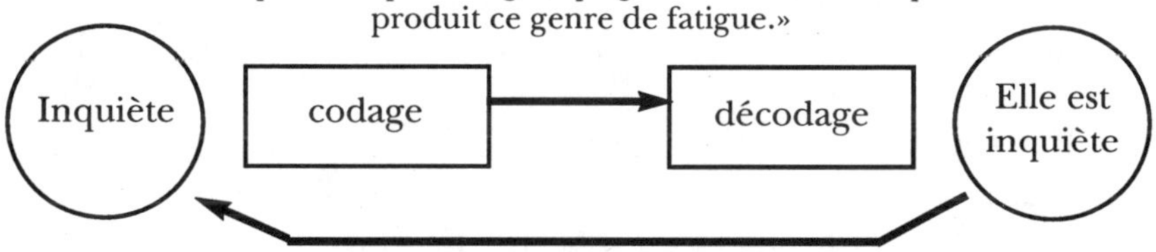

«Tu sembles t'inquiéter à l'idée que tu pourrais avoir quelque chose de grave.»
ÉCOUTE ACTIVE (FEEDBACK)

Bien qu'il ne soit pas facile d'apprendre à bien écouter, on sait qu'avec du temps et de la pratique on peut réussir à employer efficacement ce procédé fondamental en relations humaines. Quand ils décrivent les changements notables qu'ils ont apportés à leur façon d'agir à la suite de la formation, les participants donnent le plus souvent les commentaires suivants:

«L'écoute active m'a permis d'améliorer mes relations avec mon mari. Il est beaucoup plus ouvert avec moi.»

«L'écoute active m'a permis de comprendre ce que les autres disent plutôt que d'interpréter leurs messages.»

«Ma fille aînée, qui a douze ans, semble apprécier ma compagnie plus qu'avant, cela est peut-être dû à ma patience accrue et à mes habiletés d'écoute.»

«Mon fils, qui a eu une vie affective difficile, commence à communiquer avec moi davantage, ses amis semblent remarquer la différence dans notre foyer.»

«Récemment, ma femme m'a fait plusieurs commentaires favorables sur les changements dans mon approche envers les enfants et les adultes.»

«Mes amis et mes associés me demandent des "consultations".»

«Grâce à ce que j'ai appris dans cette formation, j'ai aidé une personne à se sentir beaucoup mieux. Ainsi, je me sens plus proche d'elle. J'ai aussi l'impression d'être soulagé moi-même d'un pesant fardeau.»

La conversation suivante est réelle. Elle montre comment fonctionne l'écoute active dans une relation d'aide.

Voici la situation: Bernard entre dans le bureau de Catherine pour lui parler d'un projet mais il trouve qu'elle est très agitée et semble bouleversée. Il décide de l'écouter «activement», espérant ainsi l'aider.

Catherine:	Des journées comme aujourd'hui, j'ai l'impression que j'aurais mieux fait de rester au lit.
Bernard:	Tu sembles assez bouleversée.
Catherine:	Oui, la matinée avait pourtant si bien commencé, le président m'avait demandé de prendre le petit déjeuner avec lui pour m'annoncer d'importantes nouvelles.
Bernard:	Cela semblait te plaire à prime abord, mais tu sembles déçue.

Catherine: Bien sûr, j'ai été complètement décontenancée quand le président m'a parlé. Je n'aurais *jamais* pu deviner ce qui m'attendait.

Bernard: Ce qu'il t'a dit t'a véritablement surprise...

Catherine: Oui, le président m'a parlé de certains changements qui ont été décidés lors de la dernière réunion du conseil d'administration. Il a été question de la personne qui succéderait au vice-président, qui prend sa retraite en juin... Et, pour faire une histoire courte, ce ne sera pas moi.

Bernard: Diable! Tu dois être très déçue.

Catherine: Bien sûr! Je travaille au sein de cette compagnie depuis quinze ans et la succession à ce poste *me revenait d'emblée.*

Bernard: Tu comptais beaucoup l'obtenir.

Catherine: Oui, et par dessus tout, ils ont donné le poste à quelqu'un que j'ai formé. C'est moi qui ai formé et supervisé Sylvie: je lui ai enseigné tout ce que je savais et maintenant c'est comme ça qu'on me récompense. On lui donne à elle *ma* promotion.

Bernard: Tu en as gros sur le cœur et tu as l'impression que ça n'est pas juste.

Catherine: Évidemment! J'aimerais tout laisser tomber, annuler les projets de voyage que je devais faire pour l'entreprise et leur dire vraiment ce que je ressens.

Bernard: Tu sembles furieuse...

Catherine: Je songe sérieusement à donner ma démission, mais... je ne sais pas...

Bernard: Tu sembles incertaine à ce propos.

Catherine: Oui... à mon âge où peut-on trouver un emploi semblable. J'aimerais quitter la boîte, mais je suis loin d'être sûre que je pourrais obtenir un poste aussi intéressant.

Bernard: Tu éprouves une certaine inquiétude à ce propos.

Catherine: C'est ça! Mais je ne me vois pas faire face aux gens du bureau la semaine prochaine quand ils auront pris connaissance de la nouvelle. J'imagine leur façon de me regarder, j'imagine les entendre murmurer: «Elle n'a pas réussi».

Bernard: Tu as horreur de ça et tu as l'impression que tu risques d'être humiliée...

Catherine: Oui, et ce n'est pas tout. Le pire c'est qu'il me reste à annoncer la nouvelle à mon mari... je l'avais convaincu que c'était gagné d'avance...

Bernard: Tu crains sa réaction... Il pourrait être choqué...

Catherine: Oui, d'une certaine façon. Mais tu sais quand je m'arrête un moment pour y penser, je me rends compte qu'il est quelqu'un de bien. Quelquefois, je pense qu'il sait mieux que moi prendre les choses du bon côté. Je ne sais pas comment il y arrive.

Bernard: Tu penses peut-être que tu l'as sous-estimé... Tu as l'air plutôt fière de lui...

Catherine: Oui, bien sûr, par ailleurs nous avons de bien meilleures relations, nous passons plus de temps ensemble depuis que je suis dans la haute direction, et que je n'ai pas à voyager autant ou à travailler des heures supplémentaires comme je le faisais auparavant.

Bernard: Tu sembles assez contente de la façon dont les choses tournent pour vous deux.

Catherine: Hmm! Hmm! Tu sais, nous avions même parlé de la façon dont cette promotion pourrait changer notre mode de vie. Comment ça pourrait nous enlever du temps ensemble. Je commençais à penser à tout le travail et la responsabilité que ça me prendrait simplement pour assumer cette nouvelle fonction.

Bernard: En somme, tu n'avais pas tellement hâte de te retrouver avec tout ce travail additionnel...

Catherine: Bien sûr que je n'avais pas hâte. Je prends de l'âge et j'aime mieux prendre les choses plus tranquillement... Peut-être qu'on s'en est rendu compte au bureau... Qui sait? C'est peut-être pour ça qu'on a confié le poste à Sylvie. Elle est débordante d'énergie!

Bernard: Tu vois sans doute certaines raisons qui expliquent pourquoi tu n'as pas obtenu le poste. Le président a peut-être réagi à certains indices que tu as laissés voir.

Catherine: Oui, sûrement... Sylvie est une fonceuse et elle connaît bien l'entreprise maintenant. Nous nous entendons vraiment bien. Elle a bien apprécié mon expérience et mon jugement, et j'ai travaillé très fort pour faire d'elle plus qu'une assistante. Peut-être que cette relation me sera d'une grande utilité à présent.

Bernard: Tu sembles assez confiante sur la façon dont les choses pourraient s'arranger.

Catherine: Oui... mais... travailler sous les ordres d'une personne plus jeune que moi... quelqu'un qui était mon assistante — maintenant c'est à mon tour d'être son employée... Euh!

Bernard: Tu crains de te sentir mal à l'aise et que ton amour-propre en prenne un coup.

Catherine: Oui, mon amour propre, c'est ça. J'ai toujours été trop fière et ça m'a toujours nui! Diable! Toutes les choses que j'ai manquées à cause de ce maudit orgueil et tout ce que j'ai dû faire pour me couvrir par la suite. Si je pouvais vaincre ce problème, ça serait une véritable victoire pour moi. Je profiterais plus de la vie si je pouvais apprendre à surmonter mon amour-propre.

Bernard: Tu as l'impression d'avoir un défi à relever et que cette situation t'en offre sans doute l'opportunité.

Catherine: Tu sais... tu dois être étonné de me voir me vider le cœur devant toi, comme ça.

Bernard: Tu sembles comme mal à l'aise de m'avoir dit tout ça...

Catherine: Oui, mais d'une certaine façon... je ne sais pas... Je suis contente de t'avoir parlé. La situation me semble si différente. Je te remercie de m'avoir aidée.

Indications pour employer efficacement l'écoute active

Plusieurs participants disent que l'écoute active est la technique la plus difficile à employer. On peut avoir une tendance naturelle à écouter avec empathie, mais, la plupart du temps, on a besoin d'exercices pratiques avant de se sentir à l'aise à employer l'écoute active. Au cours de cette période d'apprentissage, le procédé peut sembler peu naturel, à soi comme à l'autre.

De plus, certaines tentatives d'écoute active peuvent susciter des réactions négatives chez l'autre: il peut se fâcher ou avoir l'impression qu'on le manipule. Il peut se sentir en position d'infériorité, penser qu'on lui fait subir un «traitement» ou qu'on le «soigne». Voici certaines de ces réactions négatives:

> N'essaie pas ces trucs sur moi!
>
> Pourquoi me parles-tu de cette façon?
>
> Je ne veux pas que tu écoutes, je veux simplement une réponse à ma question.
>
> Cela semble tellement artificiel!
>
> Alors, tu as découvert une nouvelle technique et tu veux l'employer sur nous!
>
> C'est exactement ce que je viens de te dire! Je n'ai pas besoin de t'entendre répéter mes paroles!

Ces protestations indiquent souvent que l'écoute active a été mal employée. Ce n'est pas une «technique» à employer chaque fois qu'une personne dit quelque chose. Voici quelques indications pour utiliser au mieux l'écoute active:

- Employer l'écoute active surtout quand on perçoit un *problème* et qu'on a l'impression que l'autre personne veut en parler. Il n'est pas approprié de l'employer lorsque la conversation porte sur des sujets tels que le temps, l'actualité, le travail, les projets de vacances, etc., et que les gens ne manifestent aucun problème.

- Employer l'écoute active pour aider une autre personne seulement quand on est disposé à le faire et qu'on en a le temps. Si on se sent préoccupé ou impatient (ou encore absorbé par ses propres problèmes), on ne pourra manifester ni acceptation ni empathie.
- Faire bon usage des procédés d'écoute passive (attention, silence, simples réceptions et invitations). On n'a pas besoin de refléter chaque phrase que l'autre dit. Employer l'écoute active principalement lorsque l'autre personne exprime des sentiments *intenses* et qu'elle a *de toute évidence* besoin d'être comprise.
- Quelquefois, on peut donner à l'autre personne un renseignement qu'elle désire. Mais d'abord, s'assurer qu'on a suffisamment écouté pour être sûr qu'on comprend le véritable problème et que l'autre personne veut vraiment cette information.
- Se préparer à voir rejetés toute suggestion ou tout conseil qu'on offre. Ils peuvent se révéler inappropriés ou inutiles.
- Ne pas imposer l'écoute active à l'autre personne. Être sensible aux indices qui montrent que la personne qu'on essaie d'aider ne veut pas poursuivre la description de son problème ou a fini d'en parler.
- Ne pas employer l'écoute active pour manipuler l'autre, pour obtenir, par exemple, des renseignements particuliers dont on se servira par la suite contre lui.
- Ne pas employer l'écoute active pour éviter de s'affirmer.
- Ne pas employer l'écoute active pour éviter un conflit.
- Ne pas prendre l'habitude de toujours commencer ses réponses d'écoute active par les mêmes expressions typiques telles que: «Si je te comprends bien...» et «Tu te sens...» Si on le fait, l'autre va commencer à considérer ces mots comme des gestes mécaniques ou même des tentatives de manipulation.
- Ne pas l'employer pour démontrer à quel point on est habile à écouter.
- Ne pas s'attendre à ce que l'autre personne parvienne à la solution que l'on préfère et qu'on a à l'esprit. L'écoute active

est un outil qui vise à aider une autre personne à trouver des solutions qui lui sont propres et personnelles.

- Ne pas s'attendre (ni insister) à ce que l'autre parvienne nécessairement à une solution. Cette solution peut émerger plus tard et même cette personne peut ne jamais dire comment elle a éventuellement résolu son problème.

Erreurs fréquentes en écoute active

Quand on échoue à plusieurs reprises en employant l'écoute active, on découvre habituellement soit qu'on a perdu le contact avec les sentiments de l'émetteur, soit qu'on n'a pas réussi à laisser ses propres sentiments en dehors du processus d'écoute.

Pour illustrer comment l'écoute active peut manquer la cible, voici certaines des erreurs les plus fréquentes accompagnées d'exemples.

Un lundi matin en rentrant au travail, un collègue émet le message suivant:

Diable! Encore cinq jours de travail. Quel ennui!

Reflet au collègue	*Erreur*
Eh bien! Tu serais prêt à démissionner pour t'éviter de travailler aujourd'hui.	*Amplifier:* exagérer la force du sentiment éprouvé par son collègue.
Les lundis ne sont pas tes jours préférés.	*Atténuer:* diluer l'intensité du sentiment.
Ton attitude face au travail te déprime vraiment, n'est-ce pas?	*Ajouter:* généraliser ou étendre la portée du message de l'autre.
Tu es vraiment fâché.	*Omettre:* réduire ou passer sous silence des éléments importants.
Tu prépares un plan pour ne plus avoir à affronter les lundis matin.	*Devancer:* anticiper les pensées de l'émetteur.
Tu disais tout à l'heure que tu n'aimais pas les réunions de planification.	*Retarder:* être en retard par rapport au message actuel de l'émetteur. Retourner en arrière ou ne pas suivre.

Il semble que ton incapacité à mener à bien tes tâches te rende le retour au travail pénible.	*Analyser:* interpréter les motifs sous-jacents de l'autre.
Diable! Encore cinq jours de travail. Quel ennui!	*Répéter:* répéter mot à mot ce que l'autre a dit.

Il n'est pas difficile de se rendre compte qu'on commet une de ces erreurs. L'autre personne le manifeste quand le reflet n'est pas fidèle.

Bien que l'écoute active soit une technique, un procédé qu'on peut apprendre, son but principal est de fournir un véhicule pour communiquer son empathie, son acceptation et sa compréhension de l'autre. Plus son sentiment d'acceptation est vrai, moins l'écoute active semble être une technique.

CHAPITRE 14

Planifier son efficacité personnelle

Toute découverte a des répercussions. Une nouvelle idée à propos de soi-même, ou d'un aspect de ses relations avec les autres, déstabilise toutes ses autres idées, même celles qui ont un lointain rapport. Elle modifie toute son orientation personnelle, même si ce n'est que légèrement. Par ricochet, l'idée transforme le comportement.

PATRICIA MCLAUGHLIN

Enfin, une étape essentielle pour assumer davantage la responsabilité de sa vie et pouvoir mieux satisfaire ses besoins consiste à planifier. Cette activité caractérise la personne libre et autonome et implique qu'on est capable de penser et de se comporter d'une façon affranchie; on décide de sa façon d'agir par soi-même et non selon des forces extérieures. Quand on fait un plan et qu'on le réalise, on dit en fait: «Parmi toutes les possibilités, les occasions, les orientations, les directions qui s'offrent à moi, je choisis consciemment celles qui correspondent le plus étroitement à mes besoins, mes valeurs et mes buts. En faisant de tels choix, j'assume la responsabilité de mes décisions et de leurs effets sur moi comme sur les autres.»

Quelquefois, on considère que la planification implique des restrictions. On l'associe à la rigidité et à la contrainte. D'une part, quand on ne planifie pas, on considère qu'on a l'esprit libre et on prend alors en aversion toute suggestion de suivre un calendrier préétabli. D'autre part, on peut sur-planifier, tenter de contrôler chaque détail et ne laisser aucune place à la spontanéité ou à l'imprévu. Mais on peut planifier sans devenir obsédé et inflexible. La planification efficace est une expérience libératrice: au lieu d'être à la merci du changement ou de simplement appliquer les plans des autres, on peut prendre en main la façon dont on utilise son temps et modeler sa vie en fonction de ses besoins et de ses valeurs.

On planifie toujours jusqu'à un certain point, qu'on s'en rende compte ou non, sinon on mènerait une vie confuse et désorganisée. Même si on dit: «Je ne planifie jamais» ou «Je déteste planifier», en analysant comment on occupe sa journée, on découvrira probablement qu'on tente au moins d'instaurer un certain degré d'ordre dans ses activités.

Jusqu'à quel point a-t-on confiance en sa capacité de dresser des plans et de les réaliser avec succès? Comme on constate que souvent ses «plans les mieux tracés» ne fonctionnent pas, on peut se demander s'il est utile d'essayer de s'organiser quand il serait tellement plus simple de laisser les événements se produire spontanément. Mais quand les choses ne se passent pas comme on le souhaite, ce n'est habituellement pas à cause du destin ou de circonstances malchanceuses, mais plutôt à cause d'un certain manque de planification. La planification efficace, tout comme la communication et la résolution de conflits efficaces, est un processus qui se réalise en plusieurs étapes et qui requiert de la réflexion, de l'habileté et de la pratique.

Heureusement, en planifiant on se donne une possibilité de se développer et de s'épanouir, d'utiliser son plein potentiel. Le psychologue Abraham Maslow a appelé cette forme ultime d'accomplissement personnel «l'actualisation de soi», et il l'a observée chez les personnes saines et accomplies qui parvenaient à satisfaire la plupart de leurs besoins à tous les niveaux.

La hiérarchie des besoins de Maslow

Maslow a découvert que la personne humaine a cinq niveaux de besoins. Quand on est privé de la satisfaction de ses besoins à n'importe lequel de ces niveaux, on voit son développement personnel limité. Maslow a classé ces cinq niveaux selon une hiérarchie s'échelonnant du besoin le plus fondamental au besoin le plus complexe.

Premier niveau: les besoins de survie physique

Ce sont des besoins fondamentaux tels que manger, avoir chaud, s'abriter, bref ceux qu'on doit satisfaire pour sa survie biologique. Quand ces besoins ne sont pas comblés, on s'applique tellement à y répondre qu'on s'intéresse peu à autre chose.

Deuxième niveau: le besoin de sécurité

Quand on a comblé ses besoins de survie, on prend conscience du besoin de se sentir en sécurité. On a besoin de se sentir libéré du danger physique et du harcèlement psychologique, besoin de circuler et de s'exprimer en toute confiance sans craindre une punition ou une humiliation. Quand on vit dans la peur, on concentre ses énergies à se protéger et on accomplit peu de choses.

Troisième niveau: le besoin de relations

On a besoin de relations avec les autres. À ce niveau, on éprouve le besoin d'appartenance à une famille, un groupe, une communauté. On a besoin d'éprouver de l'intimité, de l'acceptation, de la compréhension et de donner et recevoir de l'amour. Privé de satisfaction à ce niveau, on se sent souvent aliéné, abattu, triste, détaché ou isolé.

Quatrième niveau: le besoin de réalisation et de réussite

À ce niveau, un autre type de besoins émerge: le besoin d'être «productif», créatif et d'éprouver un sentiment de réalisation. Ces besoins sont importants pour prendre conscience de sa valeur personnelle. On les satisfait quand on se fixe un but et qu'on l'atteint. Si on ne satisfait pas ces besoins, on souffre d'une perte d'estime de soi et on éprouve des sentiments d'insécurité.

Cinquième niveau: le besoin d'«actualisation de soi»

Une fois la réponse aux besoins des quatre niveaux précédents assurée, on aspire à s'actualiser ou à s'accomplir pleinement. Selon Maslow, les gens qui s'actualisent vivent plus intensément et profitent pleinement de la vie; ils connaissent des moments de plénitude, de joie, d'harmonie et de compréhension profondes. Il appelle ces expériences des «sommets».

Pour déterminer ses buts, on peut, dans un premier temps, se référer à cette classification hiérarchique qui permet de cerner et de définir ses besoins essentiels.

Objectifs à court et à long terme

Pour établir des objectifs qui permettent de satisfaire ses besoins, il peut être utile de les classer en deux catégories: les objectifs à court terme et les objectifs à long terme.

Un objectif à court terme peut être atteint en trente jours ou moins: par exemple, perdre quelques kilos, se préparer à faire un discours, redécorer la salle de séjour, trouver un emploi à mi-temps. Un objectif à long terme requiert plus de trente jours pour être atteint: par exemple, obtenir une promotion professionnelle, un diplôme, épargner assez d'argent pour acheter une nouvelle voiture, écrire un livre.

Évidemment, un objectif à court terme est plus facile à planifier et à réaliser. Il est plus probable qu'on suive un régime de trente jours plutôt que de trente mois. On se décourage quelquefois lorsque l'objectif est si éloigné dans le temps qu'on peut difficilement l'atteindre. On peut donc mieux gérer ses objectifs à long terme en les décomposant en une série d'objectifs à court terme de façon à pouvoir observer ses progrès en cours de route.

Le procédé de planification en six étapes

La planification de son efficacité personnelle suit grosso modo les mêmes six étapes fondamentales qui caractérisent le procédé de résolution de conflits déjà présenté au chapitre 11.

Première étape: définir des objectifs pour satisfaire ses besoins ou ses désirs

Après avoir soigneusement analysé son emploi du temps et l'avoir comparé à ses besoins et désirs actuels, on est prêt à définir certains objectifs. Cette étape est de loin la plus importante du procédé de planification, et c'est aussi celle qui prend le plus de temps.

Il importe de s'assurer que ses objectifs reflètent effectivement ses besoins *actuels*. Des activités auxquelles on consacrait d'ordinaire son temps peuvent ne plus s'avérer satisfaisantes ni enrichissantes. Certaines d'entre elles peuvent être devenues dépassées ou impraticables. Quand il se produit dans sa vie un léger changement (obtenir une promotion) ou un changement majeur (devenir parent ou prendre sa retraite), on peut alors avoir besoin de procéder à des adaptations déterminantes dans sa façon de penser et de planifier.

De plus, il est primordial de s'assurer que ses objectifs correspondent exactement à ce qu'*on veut* accomplir et non à ce qu'on pense qu'*on devrait* accomplir, ni à ce que *quelqu'un d'autre veut* qu'on fasse. On devient souvent malheureux à conserver un emploi ou à s'engager dans des activités qu'on déteste, parce qu'on ressent le besoin de se conformer aux attentes sociales ou de satisfaire les ambitions d'une autre personne, souvent un parent.

On prend souvent un emploi qui ne convient pas à ses aspirations et même qu'on déteste, parce qu'on a besoin de gagner sa vie. On fait de tels «choix», orienté par les rôles et les carrières traditionnels ou encore par les pressions des parents. Quand on change de carrière au milieu de sa vie, c'est souvent à la suite de découvertes telles que: «J'ai suivi le chemin tracé par mon père (ou ma mère). Maintenant, je veux faire quelque chose qui me convient vraiment.»

Il est essentiel que ses objectifs soient réalistes. La différence entre la satisfaction et l'insatisfaction provient souvent de sa capacité à établir des objectifs réalistes. Un objectif «réaliste» reflète véritablement ses besoins intérieurs et correspond à ses capacités. Par exemple, il n'est pas réaliste de décider à l'âge de trente-cinq ans de devenir pianiste de concert ou joueur de tennis professionnel si on n'a jamais touché un piano ni tenu une raquette. Il peut cependant être tout à fait réaliste de décider, au même âge, de retourner aux études et d'obtenir un diplôme universitaire. Un objectif réaliste tient compte à la fois de ses aspirations et de ses limites personnelles.

Dans la définition de ses objectifs, il est utile de considérer qu'en général on satisfait plus sûrement ses besoins les plus complexes par des objectifs à long terme. Des relations sociales efficaces et des réalisations personnelles requièrent habituellement un investissement de temps considérable, alors que les besoins physiques et les besoins de sécurité peuvent être comblés dans un laps de temps beaucoup plus court. De plus, les objectifs à court terme englobent souvent des besoins personnels situés à l'intérieur de sa zone de liberté et ne requièrent pas toujours la coopération des autres, alors que cette collaboration est généralement nécessaire pour réaliser ses objectifs à long terme.

Pour définir des objectifs propres à satisfaire ses besoins, il importe, dans un premier temps, de bien cerner ces besoins; pour ce faire, il est avantageux d'utiliser la classification de Maslow. Si certains de ses objectifs ne vont pas au-delà du premier et du deuxième niveau, s'ils n'offrent pas l'occasion de parvenir à l'actualisation de soi, ils n'apporteront sans doute pas grand-chose sur le plan de l'épanouissement personnel. La tendance à choisir des objectifs correspondant aux besoins des niveaux inférieurs peut signifier qu'on se sous-estime, ou qu'on tente de se protéger contre un échec; on préfère alors réduire ses aspirations pour s'assurer de les réaliser plutôt que de risquer de ne pas atteindre un but plus élevé.

Mais, à moins d'être disposé à prendre un certain degré de risque et à s'engager pour obtenir ce qu'on veut et ce qu'on désire vraiment, on ne connaîtra jamais l'étendue et la portée complètes de son potentiel. On se prive ainsi des accomplissements des niveaux supérieurs et de l'expérience de l'actualisation de soi.

Par exemple, si on s'ennuie, si on est impatient ou qu'on se sent vaguement maussade, on décèle alors un besoin insatisfait. On ressent un besoin d'une plus grande stimulation de ses facultés mentales et d'un développement intellectuel plus important. Pour voir comment satisfaire ce besoin, on franchira maintenant les étapes subséquentes de la planification de son efficacité personnelle.

Deuxième étape: énumérer des idées

Cette étape du remue-méninges vise à dresser la liste la plus longue possible d'idées, de possibilités et de ressources permettant d'atteindre son objectif. Il importe alors de faire preuve d'imagination et de créativité. On inclut dans la liste toutes les idées, même celles qui semblent farfelues de prime abord. On peut consulter d'autres personnes qui pourraient y contribuer. On s'appuie sur sa propre expérience et sur celle des personnes qui sont disposées à faire part de leurs idées et de leurs connaissances. On prend en note chaque idée qui vient à l'esprit ou qui est suggérée par quelqu'un d'autre.

Pour satisfaire son besoin de stimulation intellectuelle, on peut retrouver dans sa liste des possibilités telles que:

- lire des livres plus intéressants;
- suivre des cours;
- assister à des conférences et à des débats;
- inviter des gens intéressants à parler aux membres de son association;
- étudier un sujet particulier;
- réunir un groupe d'amis en cercle de lecture une fois par mois;
- obtenir de l'information sur ce qui passionne les autres;
- regarder des émissions d'affaires publiques intéressantes à la télévision;
- devenir membre d'une association politique, religieuse, sociale;
- encourager les échanges, les discussions en famille;
- réunir quelques collègues durant la pause repas ou après le travail;
- s'abonner à des revues et à des magazines.

Troisième étape: évaluer les idées

Quand on a recueilli un bon nombre d'idées, on les regroupe, puis on élimine celles qui, pour diverses raison, semblent irréalisables. On analyse, on compare, on confronte chacune des suggestions conservées jusqu'à ce qu'on ait trouvé l'idée — ou la combinaison d'idées — qui correspond le mieux à sa situation.

On évalue chaque option et on parvient ainsi à des solutions possibles. Dans le présent exemple, on conserve:

- suivre des cours (il y a justement une institution près de chez soi qui offre des cours aux adultes);
- essayer de réunir une fois par mois un groupe d'amis pour discuter de sujets d'intérêt commun;
- trouver des livres intéressants à la bibliothèque.

Au cours de cette étape, il est approprié de discuter de ses plans avec les personnes qui pourraient être affectées par ses décisions. Par exemple, examiner avec les membres de sa famille les problèmes que pourrait leur causer l'horaire de ses cours ou l'organisation de réunions à la maison.

Quatrième étape: établir un plan d'action

À cette étape, on se prépare à passer à l'action. Pour appliquer son plan d'action, on décide de:

- s'inscrire à l'université le semestre prochain;
- appeler des amis et des connaissances pour organiser un groupe de discussion;
- aller à la bibliothèque deux fois par mois pour trouver au moins un livre intéressant.

Cinquième étape: passer à l'action

Maintenant, on fait les démarches nécessaires pour réaliser son plan d'action. Pour le mettre en œuvre:

- on examine les programmes de cours, on se renseigne sur les horaires, on choisit un cours et on s'y inscrit;
- on commence à appeler des amis et on essaie de les intéresser aux discussions de groupe; on fixe la date de la première réunion;
- on emprunte un premier livre à la bibliothèque.

Sixième étape: évaluer les résultats obtenus

Il est important de vérifier ses progrès au fur et à mesure qu'on s'achemine vers son objectif, afin de s'assurer qu'on réalise chaque activité selon son plan initial. Sans une telle évaluation, on accroît le risque d'en dévier. On rencontrera inévitablement des moments de découragement sur son parcours. Quelquefois, on se verra détourner de son plan. Des complications et des délais inévitables peuvent se présenter, par exemple de la maladie dans la famille ou un problème personnel qui doit être résolu en priorité. Ou encore, on peut découvrir une information qui amène à reconsidérer un ou plusieurs aspects de son plan.

Mieux vaut évaluer son plan peu après avoir commencé à l'exécuter et, par la suite, à intervalles réguliers, pour s'assurer qu'on satisfait son besoin, dans ce cas-ci un besoin de développement intellectuel. Si on n'est pas pleinement satisfait, on envisage d'autres options. On peut se rendre compte, par exemple, que les trois activités choisies exigent plus de temps que prévu. On peut alors décider d'éliminer l'une d'entre elles.

Dans le cas d'un délai inévitable, on peut tout simplement remanier son échéancier et continuer comme avant. Un plan solide et soigneusement conçu devrait offrir suffisamment de flexibilité pour s'adapter à des changements d'échéancier devenus nécessaires. On s'appuie alors sur le principe suivant: conserver son échéancier initial le plus possible, surtout ne pas laisser tomber son plan simplement parce qu'on a besoin de réaménager son calendrier, si on tient vraiment à atteindre son objectif.

Le même principe s'applique si une partie de son plan devient irréalisable. Quand cela se produit, on perd quelquefois entièrement confiance en son plan et on conclut rapidement que c'est l'objectif qui est inaccessible. En fait, le problème peut se situer seulement dans certaines parties du plan qui devraient plutôt être réaménagées. On peut alors avoir à revenir à une des étapes précédentes.

Concevoir et réaliser un plan d'action requiert du temps, de la patience, de la réflexion et de la persévérance. Mais, quand on assume la responsabilité de sa vie et qu'on accomplit des actions d'affirmation, on atteint des objectifs qui comblent ses besoins déterminants; on en retire alors d'immenses satisfactions.

Quand on prend sa vie en main, on peut regarder vers le passé ou vers l'avenir et voir clairement son évolution; en effet, on fait de sa propre vie une création en s'appuyant sur une solide conscience et connaissance de soi. Pour formuler une philosophie générale du développement personnel et des relations interpersonnelles, nous proposons le credo qui suit.

Un «credo» pour mes relations

Toi et moi vivons une relation qui est importante pour moi.

Chacun de nous est unique et a ses valeurs et ses besoins personnels.

Pour mieux connaître et comprendre nos valeurs et nos besoins respectifs, appliquons-nous à communiquer ouvertement et franchement.

Lorsque ta façon d'agir m'empêchera de satisfaire mes besoins, sans te blâmer, je te dirai franchement comment cela m'affecte. Ainsi, tu pourras mieux me comprendre et, si tu le peux, modifier ton comportement. Et je souhaite aussi que tu me le dises ouvertement lorsque mon comportement te sera inacceptable. Alors, je t'écouterai et modifierai mon comportement si je le peux.

Lorsque ni toi ni moi ne pourrons modifier notre comportement pour satisfaire les besoins de l'autre, reconnaissons que nous avons un conflit. Et engageons-nous à le résoudre sans recourir au pouvoir pour gagner aux dépens de l'autre qui perdrait. Appliquons-nous à rechercher une solution qui satisfasse à la fois tes besoins et les miens. Ainsi, aucun ne perdra; nous y gagnerons tous les deux.

Lorsque tu éprouveras des difficultés dans ta vie, j'essayerai de t'écouter, de t'accepter et de te comprendre, de façon à t'aider à trouver tes propres solutions plutôt que de t'imposer les miennes. Et je souhaite que tu m'écoutes quand j'aurai besoin de trouver des solutions à mes problèmes.

En permettant à chacun de nous de s'épanouir, nous voudrons poursuivre notre relation dans la considération, l'estime et le respect mutuels.

Dr THOMAS GORDON

Annexe

Un exercice simple de relaxation

Voici un procédé abrégé pour pratiquer la relaxation musculaire profonde et la respiration profonde. Franchir les onze étapes requiert habituellement environ dix minutes.

On peut faire cet exercice assis sur une chaise ou allongé sur le sol. À la maison, porter des vêtements amples et confortables, enlever ses chaussures et choisir un endroit où on est à l'abri des distractions. Faire ces exercices lentement. Se laisser ressentir les sensations. Observer son corps et prendre conscience de ses réactions. Une fois habile à détendre son corps, on peut en poursuivre la pratique dans des positions moins confortables (par exemple, faire les exercices assis ou debout), ou dans des endroits moins privés en simulant des situations dans lesquelles on éprouve habituellement de l'anxiété.

On peut aussi trouver utile de se procurer des livres, des cassettes, des disques ou de s'inscrire à un cours où l'on enseigne ces procédés et d'autres plus avancés.

Il peut être préférable de faire lire ces instructions par quelqu'un d'autre pendant qu'on fait les exercices ou encore de les enregistrer soi-même sur une cassette qu'on écoutera pendant qu'on fait les exercices. Faire une brève pause après chaque phrase et une pause plus longue après chaque paragraphe.

1. Se préparer (1 minute)

Allongez-vous sur le dos. Détendez les pieds et les mains. Gardez les paumes tournées vers le haut. Placez les pieds légèrement écartés et tournés vers l'extérieur. Laissez la tête rouler légèrement d'un côté. Laissez votre corps peser lourdement sur le sol. Fermez les yeux. Détendez-vous.

2. Respirer profondément (2 minutes)

Inspirez profondément. Emplissez d'air d'abord le ventre, ensuite la poitrine, puis la gorge et le nez. Retenez votre respiration (environ 5 secondes). Expirez en évacuant l'air d'abord du ventre, ensuite de la poitrine, puis de la gorge et du nez. Ressentez à quel point vous êtes détendu. Maintenant, commencez la seconde respiration. Inspirez lentement et profondément. Expirez. Maintenant, une troisième respiration. Remarquez la sensation de calme et de détente que vous éprouvez.

3. Contracter les orteils (1 minute)

Maintenant, tournez vos orteils le plus loin possible vers le sol. Maintenez cette contraction (10 secondes). Relâchez. Détendez-vous. Respirez lentement et profondément. Maintenant, soulevez et écartez les orteils en éventail. Maintenez cette position (10 secondes). Relâchez. Détendez-vous. Remarquez la sensation de confort et de chaleur dans vos pieds.

4. Contracter les jambes (30 secondes)

Contractez les muscles des deux jambes en même temps. Maintenez cette contraction (10 secondes). Relâchez. Détendez vos jambes complètement. Laissez-les peser lourdement sur le sol. Continuez de respirer lentement et profondément (5 secondes).

5. Contracter les fesses (30 secondes)

Serrez les fesses ensemble. Maintenez cette contraction (5 secondes). Maintenant, relâchez. Laissez votre corps peser lourdement sur le sol. Respirez lentement. Détendez-vous.

6. Contracter votre abdomen (30 secondes)

Contractez votre abdomen. En expirant, évacuez toute la tension qui s'y loge. Maintenez fermement cette contraction (10 secondes). Relâchez. Ressentez cette sensation de chaleur et de détente.

7. Contracter les bras et les épaules (30 secondes)

Soulevez vos épaules vers le haut. Serrez les poings et contractez les muscles des bras. Maintenez cette contraction (10 secondes). Relâchez ces muscles. Laissez vos bras et vos épaules peser lourdement sur le sol. Détendez-vous. Ressentez ce bien-être.

8. Contracter le corps (1 minute)

Maintenant, contractez tous les muscles de votre corps. Froncez les sourcils. Maintenez cette contraction (10 secondes). Relâchez tout d'un coup. Laissez votre corps peser lourdement et profondément sur le sol. Ne faites aucun effort. Laissez toutes les parties de votre corps devenir relâchées, molles et détendues. Restez calmement étendu un moment.

9. Concentrer son attention sur le «troisième œil» (30 secondes)

Maintenant, laissez votre tête rouler légèrement d'un côté. Détendez votre mâchoire. Laissez vos lèvres s'entrouvrir. Gardez les yeux fermés. Concentrez votre attention sur l'espace situé entre vos yeux. Laissez vos yeux découvrir et voir cet espace, le «troisième œil». Centrez votre attention sur ce point. Respirez lentement et profondément. Détendez-vous. Concentrez toute votre attention, vos pensées, vos sentiments sur votre troisième œil. Laissez-vous couler dans cet espace. Laissez-le absorber votre esprit tout entier.

10. S'imaginer dans un endroit magnifique (2 minutes)

Dans votre troisième œil, commencez à voir la scène la plus magnifique que vous avez toujours voulu voir. Laissez l'image prendre forme. Prenez votre temps. Laissez l'image de cet endroit se préciser (10 secondes). Maintenant, imaginez-vous dans cet endroit spécial. Vous êtes là. Ressentez le sentiment agréable que vous éprouvez à être là. Remarquez à quel point vous êtes calme et détendu. Restez dans cet endroit magnifique. Respirez lentement et profondément comme vous venez d'apprendre à le faire (60 secondes).

11. Conclusion (60 secondes)

Maintenant, laissez l'image de votre paysage magnifique s'effacer lentement (15 secondes). Ouvrez les yeux. Lentement, redressez-vous. L'exercice est terminé.

Lectures suggérées

ALBERTI, Robert et EMMONS, Michael, *S'affirmer,* Montréal, Le Jour, coll. «Actualisation», 1992.

BACH, George R. et DEUTSCH, Ronald M., *Arrête! tu m'exaspères,* Montréal, Le Jour, coll. «Actualisation», 1985.

BACH, George R. et DEUTSCH, Ronald M., *Partenaires,* Montréal, Le Jour, coll. «Actualisation», 1981.

BACH, George R. et GOLDBERG, Herb, *Agressivité créatrice,* Montréal, Le Jour, coll. «Actualisation», 1981.

BACH, George R. et TORBET, Laura, *Apprivoiser l'ennemi intérieur,* Montréal, Éditions de l'Homme, coll. «Actualisation», 1988.

BACH, George R. et TORBET, Laura, *Manifester son affection,* Montréal, Le Jour, coll. «Actualisation», 1984.

BACH, George R. et WYDEN, Peter, *Ennemis intimes,* Montréal, Le Jour, coll. «Actualisation», 1984.

BOLLES, Richard, *Chercheurs d'emplois, n'oubliez pas votre parachute,* Montréal, Guy St-Jean et Paris, Sylvie Messinger, 1989.

CHALVIN, Dominique, *L'affirmation de soi,* Paris, ESF, 1980.

CORKILLE BRIGGS, Dorothy, *Être soi-même,* Montréal, Éditions de l'Homme, 1980.

DOWLING, Colette, *Le complexe de cendrillon,* Paris, Grasset, 1982.

FISHER, Roger et URY, William, *Comment réussir une négociation ,* Paris, Seuil, 1983.

FRANKL, Viktor, *Découvrir un sens à sa vie,* Montréal, Éditions de l'Homme, coll. «Actualisation», 1987.

FREDERICK, Carl, *Jouer le tout pour le tout,* Montréal, Le Jour, coll. «Actualisation», 1981.

FRENCH, Marilyn, *La fascination du pouvoir,* Paris, Acropole, 1987.

GAWAIN, Shakti, *Techniques de visualisation créatrice,* Genève, Soleil, 1983.

GENDLIN, Eugene T., *Focusing: au centre de soi,* Montréal, Le Jour, coll. «Actualisation», 1984.

GLASSER, William, *États d'esprit,* Montréal, Le Jour, coll. «Actualisation», 1983.

GOLDBERG, Herb, *Être homme,* Montréal, Le Jour, coll. «Actualisation», 1981.

GOLDBERG, Herb, *L'homme sans masque,* Montréal, Le Jour, coll. «Actualisation», 1989.

GOLDBERG, Herb, *Nouvelles relations entre hommes et femmes,* Montréal, Le Jour, coll. «Actualisation», 1985.

GORDON, Dr Thomas, *Parents efficaces,* Montréal, Le Jour, coll. «Actualisation», 1977.

HANSON, Peter, *Les plaisirs du stress,* Montréal, Éditions de l'Homme, 1987.

JONGEWARD, Dorothy et SCOTT, Dru, *Gagner au féminin,* Paris, Inter-Éditions, 1979.

JONGEWARD, Dorothy et SEYER, Phillip, *Gagner dans l'entreprise,* Paris, Inter-Éditions, 1982.

JOURARD, Sidney, *La transparence de soi,* Québec, Saint-Yves, 1972.

KILEY, Dan, *Le syndrome de Peter Pan,* Paris, Robert-Laffont, 1985.

KRAVETTE, Steve, *Comment obtenir un emploi en 60 secondes,* Montréal, Héritage, 1984.

LAKEIN, Alan, *Contrôlez votre temps et votre vie,* Paris, Monde Différent, 1986.

LEIDER, J. Richard, *La puissance de l'intention,* Montréal, Éditions de l'Homme, coll. «Actualisation», 1988.

MASLOW, Abraham, *Vers une psychologie de l'être,* Paris, Fayard, 1974.

PINES, Ayala, ARONSON, Elliot et KAFRY, Ditsa, *«Burnout» comment ne pas se vider dans la vie et au travail,* Montréal, Le Jour, 1982.

SALOMÉ, Jacques, *Parle-moi... j'ai des choses à te dire,* Montréal, Éditions de l'Homme, 1984.

SERVAN-SCHREIBER, Jean-Louis, *L'art du temps,* Paris, Fayard, 1983.

SHEEHY, Gail, *Franchir les obstacles de la vie,* Montréal, de Mortagne et Paris, Belfond, 1982.

SHEEHY, Gail, *Passages: les crises prévisibles de l'âge adulte,* Montréal, de Mortagne et Paris, Belfond, 1982.

SIMON, Sidney B., HOWE, Leland W. et KIRSCHENBAUM, Howard, *À la rencontre de soi-même,* Montréal, coll. «Actualisation», 1987.

TAVRIS, C., *La colère: apprivoisez la colère, faites-en bon usage,* Montréal, Éditions de l'Homme, 1984.

WARSHAW, Tessa Albert, *Négocier: entre vaincre et convaincre,* Montréal, Le Jour, 1982.

Pour vous familiariser avec l'approche décrite dans cet ouvrage, vous pouvez participer à une formation ou obtenir une consultation en communiquant avec les organismes dont les adresses paraissent à la page 4.

Table des matières

LES ÉDITIONS DE L'HOMME

Ouvrages parus aux Éditions de l'Homme

Affaires et vie pratique

* *1001 prénoms, leur origine, leur signification,** Jeanne Grisé-Allard
* *Acheter et vendre sa maison ou son condominium,** Lucille Brisebois
* *Acheter une franchise,** Pierre Levasseur
* *Les assemblées délibérantes,** Francine Girard
* *La bourse,** Mark C. Brown
* *Le chasse-insectes dans la maison,** Odile Michaud
* *Le chasse-insectes pour jardins,** Odile Michaud
Le chasse-taches, Jack Cassimatis
* *Choix de carrières — Après le collégial professionnel,** Guy Milot
* *Choix de carrières — Après le secondaire V,** Guy Milot
* *Choix de carrières — Après l'université,** Guy Milot
* *Comment cultiver un jardin potager,** Jean-Claude Trait
Comment rédiger son curriculum vitæ, Julie Brazeau
* *Comprendre le marketing,** Pierre Levasseur
La couture de A à Z, Rita Simard
Des pierres à faire rêver, Lucie Larose
* *Des souhaits à la carte,** Clément Fontaine
* *Devenir exportateur,** Pierre Levasseur
* *L'entretien de votre maison,** Consumer Reports Books
L'étiquette des affaires, Elena Jankovic
* *Faire son testament soi-même,** Me Gérald Poirier et Martine Nadeau Lescault
Les finances, Laurie H. Hutzler
Gérer ses ressources humaines, Pierre Levasseur
La graphologie, Claude Santoy
* *Le guide complet du jardinage,** Charles L. Wilson
* *Le guide de l'auto 93,** D. Duquet, M. Lachapelle et J. Duval
* *Le guide des bars de Montréal 93,** Lili Gulliver
* *Le guide des bons restaurants de Montréal et d'ailleurs 93,** Josée Blanchette
* *Le guide des plantes d'intérieur,** Coen Gelein
Guide du savoir-écrire, Jean-Paul Simard
* *Le guide du vin 93,** Michel Phaneuf
* *Le guide floral du Québec,** Florian Bernard
Guide pratique des vins de France, Jacques Orhon
J'aime les azalées, Josée Deschênes
* *J'aime les bulbes d'été,** Sylvie Regimbal
J'aime les cactées, Claude Lamarche
* *J'aime les conifères,** Jacques Lafrenière
* *J'aime les petits fruits rouges,** Victor Berti
J'aime les rosiers, René Pronovost
J'aime les tomates, Victor Berti
J'aime les violettes africaines, Robert Davidson
J'apprends l'anglais..., Gino Silicani et Jeanne Grisé-Allard
Le jardin d'herbes, John Prenis
* *Lancer son entreprise,** Pierre Levasseur
Le leadership, James J. Cribbin
* *La loi et vos droits,** Me Paul-Émile Marchand
Le meeting, Gary Holland
Mieux comprendre sa vie de travail, Claude Poirier et Nicole Gravel
* *Mon automobile,** Gouvernement du Québec et Collège Marie-Victorin

Notre mariage — Étiquette et planification, Marguerite du Coffre
Nouveaux profils de carrière, Claire Landry
L'orthographe en un clin d'œil, Jacques Laurin
* **Ouvrir et gérer un commerce de détail,** C. D. Roberge et A. Charbonneau
Le patron, Cheryl Reimold
* **Piscines, barbecues et patios,** Collectif
* **La prévention du crime,** Collectif
* **Prévoir les belles années de la retraite,** Michael Gordon
Les relations publiques, Richard Doin et Daniel Lamarre
* **Les secrets d'une succession sans chicane,** Justin Dugal
La taxidermie moderne, Jean Labrie
* **Les techniques de jardinage,** Paul Pouliot
Techniques de vente par téléphone, James D. Porterfield
* **Tests d'aptitude pour mieux choisir sa carrière,** Linda et Barry Gale
* **Tout ce que vous devez savoir sur le condominium,** Robert Dubois
Une carrière sur mesure, Denise Lemyre-Desautels
L'univers de l'astronomie, Robert Tocquet
La vente, Tom Hopkins

Affaires publiques, vie culturelle, histoire

* **La baie d'Hudson,** Peter C. Newman
Bourassa, Michel Vastel
Les cathédrales de la mer, Marie-Josée Ouellet
Claude Léveillée, Daniel Guérard
* **Les conquérants des grands espaces,** Peter C. Newman
* **Dans la tempête — Le cardinal Léger et la révolution tranquille,** Micheline Lachance
La découverte de l'Amérique, Timothy Jacobson
* **Duplessis, tome 1 — L'ascension,** Conrad Black
* **Les écoles de rang au Québec,** Jacques Dorion
* **L'establishment canadien,** Peter C. Newman
Étoiles et molécules, Élizabeth Teissier et Henri Laborit
* **Le frère André,** Micheline Lachance
La généalogie, Marthe F. Beauregard et Ève B. Malak
Gilles Villeneuve, Gerald Donaldson
Gretzky — Mon histoire, Wayne Gretzky et Rick Reilly
L'histoire du CN, Donald MacKay
Initiation à la symphonie, Marcelle Guertin
Les insolences du frère Untel, Jean-Paul Desbiens
* **Jacques Parizeau, un bâtisseur,** Laurence Richard
Montréal, métropole du Québec, Michel Lessard
* **Les mots de la faim et de la soif,** Hélène Matteau
* **Notre Clémence,** Hélène Pedneault
* **Option Québec,** René Lévesque
Parce que je crois aux enfants, Andrée Ruffo
Plamondon — Un cœur de rockeur, Jacques Godbout
* **Pleins feux sur les... services secrets canadiens,** Richard Cléroux
Le prince de l'église, Micheline Lachance
* **Les princes marchands,** Peter C. Newman
Québec, ville du patrimoine mondial, Michel Lessard
* **Les Quilico,** Ruby Mercer
Sauvez votre planète!, Marjorie Lamb
* **La sculpture ancienne au Québec,** John R. Porter et Jean Bélisle
* **Le temps des fêtes au Québec,** Raymond Montpetit
Trudeau le Québécois, Michel Vastel

Animaux

Le chat de A à Z, Camille Olivier
Le cheval, Michel-Antoine Leblanc
Le chien dans votre vie, Matthew Margolis et Catherine Swan
L'éducation canine, Gilles Chartier
L'éducation du chien de 0 à 6 mois, Dr Joël Dehasse et Dr Colette de Buyser
* **Encyclopédie des oiseaux du Québec,** W. Earl Godfrey
Le guide de l'oiseau de compagnie, Dr R. Dean Axelson
* **Mon chat, le soigner, le guérir,** Dr Christian d'Orangeville
* **Nos animaux,** D. W. Stokes et L. Q. Stokes
* **Nos oiseaux, tome 1,** Donald W. Stokes
* **Nos oiseaux, tome 2,** Donald W. Stokes et Lillian Q. Stokes
* **Nos oiseaux, tome 3,** Donald W. Stokes et Lillian Q. Stokes
* **Nourrir nos oiseaux toute l'année,** André Dion et André Demers
Vous et vos oiseaux de compagnie, Jacqueline Huard-Viaux
Vous et vos poissons d'aquarium, Sonia Ganiel
Vous et votre bâtard, Ata Mamzer
Vous et votre Beagle, Martin Eylat
Vous et votre Beauceron, Pierre Boistel
Vous et votre Berger allemand, Martin Eylat
Vous et votre Bernois, Pierre Van Der Heyden
Vous et votre Bobtail, Pierre Boistel
Vous et votre Boxer, Sylvain Herriot
Vous et votre Braque allemand, Martin Eylat
Vous et votre Briard, Pierre Van Der Heyden
Vous et votre Bulldog, Pierre Van Der Heyden
Vous et votre Bullmastiff, Pierre Van Der Heyden
Vous et votre Caniche, Sav Shira
Vous et votre Chartreux, Odette Eylat
Vous et votre chat de gouttière, Annie Mamzer
Vous et votre chat tigré, Odette Eylat
Vous et votre Chihuahua, Martin Eylat
Vous et votre Chow-chow, Pierre Boistel
Vous et votre Cockatiel (Perruche callopsite), Michèle Pilotte
Vous et votre Collie, Léon Éthier
Vous et votre Dalmatien, Martin Eylat
Vous et votre Danois, Martin Eylat
Vous et votre Doberman, Paula Denis
Vous et votre Épagneul breton, Sylvain Herriot
Vous et votre furet, Manon Paradis
Vous et votre Husky, Martin Eylat
Vous et votre Labrador, Pierre Van Der Heyden
Vous et votre Lévrier afghan, Martin Eylat
Vous et votre lézard, Michèle Pilotte
Vous et votre Loulou de Poméranie, Martin Eylat
Vous et votre perroquet, Michèle Pilotte
Vous et votre perruche ondulée, Michèle Pilotte
Vous et votre petit rongeur, Martin Eylat
Vous et votre Rottweiler, Martin Eylat
Vous et votre Schnauzer, Martin Eylat
Vous et votre serpent, Guy Deland
Vous et votre Setter anglais, Martin Eylat
Vous et votre Siamois, Odette Eylat
Vous et votre Teckel, Pierre Boistel
Vous et votre Terre-Neuve, Marie-Edmée Pacreau
Vous et votre Tervueren, Pierre Van Der Heyden
Vous et votre tortue, André Gaudette
Vous et votre Westie, Léon Éthier
Vous et votre Yorkshire, Sandra Larochelle

Cuisine et nutrition

* **À table avec sœur Angèle,** Sœur Angèle
Les aliments qui guérissent, Jean Carper
Le barbecue, Patrice Dard
* **Bien manger sans se serrer la ceinture,** Marie Breton
Bonne table et bon cœur, Anne Lindsay
Cocktails de fruits non alcoolisés, Lorraine Whiteside
Combler ses besoins en calcium, Denyse Hunter
* **Comme chez grand-maman Biondi,** J. Biondi et C. Lanzillotta
Comment nourrir son enfant, Louise Lambert-Lagacé
Le compte-calories, Micheline Brault-Dubuc et Liliane Caron-Lahaie
Le compte-cholestérol, M. Brault-Dubuc et L. Caron-Lahaie
La congélation de A à Z, Joan Hood
Les conserves, Sœur Berthe
* **Crème glacée et sorbets,** Yves Lebuis et Gilbert Pauzé
La cuisine au wok, Charmaine Solomon
Cuisine aux micro-ondes 1 et 2 portions, Marie-Paul Marchand
* **La cuisine chinoise traditionnelle,** Jean Chen
* **La cuisine joyeuse de sœur Angèle,** Sœur Angèle
Cuisiner avec le four à convection, Jehane Benoit
* **Cuisine santé pour les aînés,** Denyse Hunter
Le défi alimentaire de la femme, Louise Lambert-Lagacé
* **La diète rotation,** Dr Martin Katahn
Du moût ou du raisin? Faites vous-même votre vin, Claudio Bartolozzi
Faire son pain soi-même, Janice Murray Gill
* **Faire son vin soi-même,** André Beaucage
La fine cuisine aux micro-ondes, Patrice Dard
* **Le livre du café,** Julien Letellier
* **Menus et recettes du défi alimentaire de la femme,** Louise Lambert-Lagacé
Menus pour recevoir, Julien Letellier
Micro-ondes plus, Marie-Paul Marchand
* **Modifiez vos recettes traditionnelles,** Denyse Hunter
Les muffins, Angela Clubb
* **La nouvelle boîte à lunch,** Louise Desaulniers et Louise Lambert-Lagacé
La nouvelle cuisine micro-ondes, Marie-Paul Marchand et Nicole Grenier
La nouvelle cuisine micro-ondes II, Marie-Paul Marchand et Nicole Grenier
* **Papa, j'ai faim!,** Solange Micar
* **Les pâtes,** Julien Letellier
* **La pâtisserie,** Maurice-Marie Bellot
La sage bouffe de 2 à 6 ans, Louise Lambert-Lagacé
Les tisanes qui font merveille, Dr Leonhard Hochenegg et Anita Höhne
Une cuisine sage, Louise Lambert-Lagacé
* **Votre régime contre l'acné,** Alan Moyle
* **Votre régime contre la colite,** Joan Lay
* **Votre régime contre la cystite,** Ralph McCutcheon
* **Votre régime contre l'arthrite,** Helen MacFarlane
* **Votre régime contre la sclérose en plaque,** Rita Greer
* **Votre régime contre l'asthme et le rhume des foins,** R. Newman Turner
* **Votre régime contre le diabète,** Martin Budd
* **Votre régime contre le psoriasis,** Harry Clements
* **Votre régime pour contrôler le cholestérol,** R. Newman Turner
* **Weight Watchers — La cuisine légère,** Weight Watchers
* **Les yogourts glacés,** Mable et Gar Hoffman

Plein air, sports, loisirs

* **L'ABC du bridge,** Frank Stewart et Randall Baron
Almanach chasse et pêche 93, Alain Demers
Apprenez à patiner, Gaston Marcotte
L'arc et la chasse, Greg Guardo
Les armes de chasse, Charles Petit-Martinon
L'art du pliage du papier, Robert Harbin
La basse sans professeur, Laurence Canty
La batterie sans professeur, James Blades et Johnny Dean
* **La bicyclette,** Jean Corbeil
Carte et boussole, Björn Kjellström
Le chant sans professeur, Graham Hewitt
La clarinette sans professeur, John Robert Brown
Le clavier électronique sans professeur, Roger Evans
* **Les clés du scrabble,** Pierre-André Sigal et Michel Raineri
* **Comment vivre dans la nature,** Bill Rivière et l'équipe de L. L. Bean
Le conditionnement physique, Richard Chevalier, Serge Laferrière et Yves Bergeron
* **Construire des cabanes d'oiseaux,** André Dion
Corrigez vos défauts au golf, Yves Bergeron
Culture hydroponique, Richard E. Nicholls
* **Le curling,** Ed Lukowich
De la hanche aux doigts de pieds — Guide santé pour l'athlète, M. J. Schneider et M. D. Sussman
Devenir gardien de but au hockey, François Allaire
Le dictionnaire des bruits, Jean-Claude Trait et Yvon Dulude
* **Les éphémères du pêcheur québécois,** Yvon Dulude
* **Exceller au baseball,** Dick Walker
* **Exceller au football,** James Allen
* **Exceller au softball,** Dick Walker
* **Exceller au tennis,** Charles Bracken
* **Exceller en natation,** Gene Dabney
La flûte traversière sans professeur, Howard Harrison
Le golf au féminin, Yves Bergeron et André Maltais
Grandir en 100 exercices, Henri B. Zimmer
Le grand livre des sports, Le groupe Diagram
Le guide complet du judo, Louis Arpin
Le guide complet du self-defence, Louis Arpin
* **Le guide de la chasse,** Jean Pagé
Le guide de l'alpinisme, Massimo Cappon
* **Le guide de la pêche au Québec,** Jean Pagé
* **Le guide des auberges et relais de campagne du Québec,** François Trépanier
* **Le guide des 52 week-ends au Québec 93,** André Bergeron
Le guide des destinations soleil 93, André Bergeron
Guide des jeux scouts, Association des Scouts du Canada
Le guide de survie de l'armée américaine, Collectif
* **Guide de survie en forêt canadienne,** Jean-Georges Desheneaux
La guitare, Peter Collins
La guitare électrique sans professeur, Robert Rioux
La guitare sans professeur, Roger Evans
* **J'apprends à nager,** Régent la Coursière
* **Je me débrouille à la chasse,** Gilles Richard
* **Je me débrouille à la pêche,** Serge Vincent
Jeux pour rire et s'amuser en société, Claudette Contant
* **Jouez gagnant au golf,** Luc Brien et Jacques Barrette
Jouons au scrabble, Philippe Guérin
Le karaté Koshiki, Collectif
Le karaté Kyokushin, André Gilbert
Le livre des patiences, Maria Bezanovska et Paul Kitchevats

* **Maîtriser son doigté sur un clavier,** Jean-Paul Lemire
Manuel de pilotage, Transport Canada
Le manuel du monteur de mouches, Mike Dawes
Le marathon pour tous, Pierre Anctil, Daniel Bégin et Patrick Montuoro
La médecine sportive, Dr Gabe Mirkin et Marshall Hoffman
La musculation pour tous, Serge Laferrière
* **La nature en hiver,** Donald W. Stokes
* **Nos oiseaux en péril,** André Dion
* **Les papillons du Québec,** Christian Veilleux et Bernard Prévost
* **Partons en camping!,** Archie Satterfield et Eddie Bauer
Les passes au hockey, Claude Chapleau, Pierre Frigon et Gaston Marcotte
Le piano jazz sans professeur, Bob Kail
Le piano sans professeur, Roger Evans
La planche à voile, Gérald Maillefer
La plongée sous-marine, Richard Charron
Le programme 5BX, pour être en forme,
* **Racquetball,** Jean Corbeil
* **Racquetball plus,** Jean Corbeil
Les règles du golf, Yves Bergeron
* **Rivières et lacs canotables du Québec,** Fédération québécoise du canot-camping
S'améliorer au tennis, Richard Chevalier
Le saumon, Jean-Paul Dubé
Le saxophone sans professeur, John Robert Brown
* **Le scrabble,** Daniel Gallez
Les secrets du baseball, Jacques Doucet et Claude Raymond
Le solfège sans professeur, Roger Evans
La technique du ski alpin, Stu Campbell et Max Lundberg
Techniques du billard, Robert Pouliot
Le tennis, Denis Roch
* **Le tissage,** Germaine Galerneau et Jeanne Grisé-Allard
Tous les secrets du golf selon Arnold Palmer, Arnold Palmer
La trompette sans professeur, Digby Fairweather
* **Les vacances en famille: comment s'en sortir vivant,** Erma Bombeck
Le violon sans professeur, Max Jaffa
* **Le vitrail,** Claude Bettinger
Voir plus clair aux échecs, Henri Tranquille et Louis Morin
Le volley-ball, Fédération de volley-ball

Psychologie, vie affective, vie professionnelle, sexualité

* **30 jours pour un plus grand épanouissement sexuel,** Alan Schneider et Deidre Laiken
20 minutes de répit, Ernest Lawrence Rossi et David Nimmons
* **Adieu Québec,** André Bureau
À dix kilos du bonheur, Danielle Bourque
Aider mon patron à m'aider, Eugène Houde
À la découverte de mon corps — Guide pour les adolescentes, Lynda Madaras
À la découverte de mon corps — Guide pour les adolescents, Lynda Madaras
L'amour comme solution, Susan Jeffers
L'amour, de l'exigence à la préférence, Lucien Auger
Les années clés de mon enfant, Frank et Theresa Caplan
* **Apprendre à lire et à écrire au primaire,** René Bélanger
Apprivoiser l'ennemi intérieur, Dr George R. Bach et Laura Torbet
L'approche émotivo-rationnelle, Albert Ellis et Robert A. Harper
L'art de l'allaitement maternel, Ligue internationale La Leche
L'art de parler en public, Ed Woblmuth
L'art d'être parents, Dr Benjamin Spock
L'autodéveloppement, Jean Garneau et Michelle Larivey
Avoir un enfant après 35 ans, Isabelle Robert

Bientôt maman, Janet Whalley, Penny Simkin et Ann Keppler
* **Le bonheur au travail,** Alan Carson et Robert Dunlop
Le bonheur possible, Robert Blondin
Ces hommes qui méprisent les femmes... et les femmes qui les aiment, Dr Susan Forward et Joan Torres
Ces hommes qui ne peuvent être fidèles, Carol Botwin
Ces visages qui en disent long, Jeanne-Élise Alazard
Changer ensemble — Les étapes du couple, Susan M. Campbell
Chère solitude, Jeffrey Kottler
Le cœur en écharpe, Stephen Gullo et Connie Church
Comment aider mon enfant à ne pas décrocher, Lucien Auger
Comment communiquer avec votre adolescent, E. Weinhaus et K. Friedman
Comment déborder d'énergie, Jean-Paul Simard
Comment garder son homme, Alexandra Penney
* **Comment parler en public,** S. Barrat et C. H. Godefroy
* **La communication... c'est tout!,** Henri Bergeron
Le complexe de Casanova, Peter Trachtenberg
Comprendre et interpréter vos rêves, Michel Devivier et Corinne Léonard
Découvrez votre quotient intellectuel, Victor Serebriakoff
Découvrir un sens à sa vie avec la logothérapie, Viktor E. Frankl
Le défi de vieillir, Hubert de Ravinel
* **De ma tête à mon cœur,** Micheline Lacasse
La deuxième année de mon enfant, Frank et Theresa Caplan
* **Dieu ne joue pas aux dés,** Henri Laborit
Les douze premiers mois de mon enfant, Frank Caplan
Les écarts de conduite, Dr John Pearce
En attendant notre enfant, Yvette Pratte Marchessault
Les enfants de l'autre, Erna Paris
* **L'enfant unique — Enfant équilibré, parents heureux,** Ellen Peck
L'esprit du grenier, Henri Laborit
Êtes-vous faits l'un pour l'autre?, Ellen Lederman
* **L'étonnant nouveau-né,** Marshall H. Klaus et Phyllis H. Klaus
Être soi-même, Dorothy Corkille Briggs
Évoluer avec ses enfants, Pierre-Paul Gagné
Exercices aquatiques pour les futures mamans, Joanne Dussault et Claudia Demers
La femme indispensable, Ellen Sue Stern
Finies les phobies!, Dr Manuel D. Zane et Harry Milt
La flexibilité — Savoir changer, c'est réussir, P. Donovan et J. Wonder
La force intérieure, J. Ensign Addington
Le grand manuel des arts divinatoires, Sasha Fenton
* **Le grand manuel des cristaux,** Ursula Markham
Les grands virages — Comment tirer parti de tous les imprévus de la vie, R. H. Lauer et J. C. Lauer
La graphologie au service de votre vie intime et professionnelle, Claude Santoy
Guérir des autres, Albert Glaude
Le guide du succès, Tom Hopkins
L'histoire merveilleuse de la naissance, Jocelyne Robert
L'horoscope chinois 1993, Neil Somerville
L'infidélité, Wendy Leigh
L'intuition, Philip Goldberg
J'aime, Yves Saint-Arnaud
J'ai quelque chose à vous dire..., B. Fairchild et N. Hayward
J'ai rendez-vous avec moi, Micheline Lacasse
Le journal intime intensif, Ira Progoff
Le mal des mots, Denise Thériault
Ma sexualité de 0 à 6 ans, Jocelyne Robert
Ma sexualité de 6 à 9 ans, Jocelyne Robert
Ma sexualité de 9 à 12 ans, Jocelyne Robert
La méditation transcendantale, Jack Forem
Le mensonge amoureux, Robert Blondin

Mon enfant naîtra-t-il en bonne santé?, Jonathan Scher et Carol Dix
Nous, on en parle, Marcelle Lamarche et Pol Danheux
Parle-moi... j'ai des choses à te dire, Jacques Salomé
Parlez-leur d'amour, Jocelyne Robert
Parlez pour qu'on vous écoute, Michèle Brien
Pas de panique!, Dr R. Reid Wilson
Penser heureux — La conquête du bonheur, image par image, Lucien Auger
Père manquant, fils manqué, Guy Corneau
Les peurs infantiles, Dr John Pearce
* **Les plaisirs du stress,** Dr Peter G. Hanson
Pourquoi l'autre et pas moi? — Le droit à la jalousie, Dr Louise Auger
Préparez votre enfant à l'école dès l'âge de 2 ans, Louise Doyon
Prévenir et surmonter la déprime, Lucien Auger
Le principe de Peter, L. J. Peter et R. Hull
Psychologie de l'enfant de 0 à 10 ans, Françoise Cholette-Pérusse
* **La puberté,** Angela Hines
La puissance de la vie positive, Norman Vincent Peale
La puissance de l'intention, Richard J. Leider
La question qui sauvera mon mariage, Harry P. Dunne
S'affirmer et communiquer, Jean-Marie Boisvert et Madeleine Beaudry
S'aider soi-même davantage, Lucien Auger
Se comprendre soi-même par des tests, Collaboration
Se connaître soi-même, Gérard Artaud
Secrets d'alcôve, Iris et Steven Finz
Se guérir de la sottise, Lucien Auger
S'entraider, Jacques Limoges
La sexualité du jeune adolescent, Dr Lionel Gendron
Si je m'écoutais je m'entendrais, Jacques Salomé et Sylvie Galland
Si seulement je pouvais changer!, Patrick Lynes
Les soins de la première année de bébé, Paula Kelly
Stress et succès, Peter G. Hanson
* **Superlady du sexe,** Susan C. Bakos
Survivre au divorce, Dr Allan J. Adler et Christine Archambault
Le syndrome de la fatigue chronique, Edmund Blair Bolles
Le syndrome de la corde au cou, Sonya Rhodes et Marlin S. Potash
La tendresse, Nobert Wölfl
Tout se joue avant la maternelle, Masaru Ibuka
Transformer ses faiblesses en forces, Dr Harold Bloomfield
Travailler devant un écran, Dr Helen Feeley
* **Un monde insolite,** Frank Edwards
* **Un second souffle,** Diane Hébert
* **La vie antérieure,** Henri Laborit
Vivre avec un cardiaque, Rhoda F. Levin
Vouloir c'est pouvoir, Raymond Hull

Santé, beauté

30 jours pour cesser de fumer, Gary Holland et Herman Weiss
Alzheimer — Le long crépuscule, Donna Cohen et Carl Eisdorfer
L'arthrite, Dr Michael Reed Gach
* **Comment arrêter de fumer pour de bon,** Kieron O'Connor, Robert Langlois et Yves Lamontagne
De belles jambes à tout âge, Dr Guylaine Lanctôt
Dormez comme un enfant, John Selby
Dos fort bon dos, David Imrie et Lu Barbuto
Être belle pour la vie, Bronwen Meredith
Le guide complet des cheveux, Philip Kingsley
L'hystérectomie, Suzanne Alix
L'impuissance, Dr Pierre Alarie et Dr Richard Villeneuve

Initiation au shiatsu, Yuki Rioux
Maigrir: la fin de l'obsession, Susie Orbach
Le manuel Johnson & Johnson des premiers soins, Dr Stephen Rosenberg
Les maux de tête chroniques, Antonia Van Der Meer
Maux de tête et migraines, Dr Jacques P. Meloche et J. Dorion
Mini-massages, Jack Hofer
Perdre son ventre en 30 jours, Nancy Burstein
Principe de la technique respiratoire, Julie Lefrançois
Programme XBX de l'aviation royale du Canada, Collectif
Le régime hanches et cuisses, Rosemary Conley
Le rhume des foins, Roger Newman Turner
Ronfleurs, réveillez-vous!, Jocelyne Delage et Jacques Piché
Savoir relaxer — Pour combattre le stress, Dr Edmund Jacobson
Soignez vos pieds, Dr Glenn Copeland et Stan Solomon
Le supermassage minute, Gordon Inkeles
Le syndrome prémenstruel, Dr Caroline Shreeve
Vivre avec l'alcool, Louise Nadeau

le jour, éditeur

Ouvrages parus au Jour

Affaires, loisirs, vie pratique

L'affrontement, Henri Lamoureux
Les bains flottants, Michael Hutchison
Le cœur de la baleine bleue, Jacques Poulin
Conte pour buveurs attardés, Michel Tremblay
***La France à la québécoise,** André Bergeron et Émile Roberge
***Le guide du répondeur bien branché,** Robert Blondin et Lucie Dumoulin
J'avais oublié que l'amour fût si beau, Évette Doré-Joyal
Jean-Paul ou les hasards de la vie, Marcel Bellier
Oslovik fait la bombe, Oslovik

Ésotérisme, santé, spiritualité

L'astrologie pratique, Wofgang Reinicke
Couper du bois, porter de l'eau — Comment donner une dimension spirituelle à la vie de tous les jours, Collectif
Le grand livre de la cartomancie, Gerhard von Lentner
Grand livre des horoscopes chinois, Theodora Lau
Grossesses à risque et infertilité — Les solutions possibles, Diana Raab
Les hormones dans la vie des femmes, Dr Lois Javanovic et Genell J. Subak-Sharpe
Les maladies mentales, John M. Cleghorn et Betty Lou Lee
Pour en finir avec l'hystérectomie, Dr Vicki Hufnagel et Susan K. Golant
Pouvoir analyser ses rêves, Robert Bosnak
Le pouvoir de l'auto-hypnose, Stanley Fisher
Traité d'astrologie, Huguette Hirsig

Essais et documents

* **1759 La bataille du Canada,** Laurier L. LaPierre
17 tableaux d'enfant, Pierre Vadeboncoeur
* **L'accord,** Georges Mathews
L'administration et le développement coopératif, Marcel Laflamme et André Roy
À la recherche d'un monde oublié, N. Laurin, D. Juteau et L. Duchesne
* **Les années Trudeau — La recherche d'une société juste,** T. S. Axworthy et P. E. Trudeau
* **Le Canada aux enchères,** Linda McQuaid
Carmen Quintana te parle de liberté, André Jacob
Le Dragon d'eau, R. F. Holland
* **Elle sera poète, elle aussi!** Liliane Blanc
En première ligne, Jocelyn Coulon
* **Femmes de parole,** Yolande Cohen
* **Femmes et politique,** Yolande Cohen, Andrée Yanacopoulo et Nicole Brossard
* **Les femmes sont-elles allées trop loin?,** Francine Burnonville
Le français, langue du Québec, Camille Laurin
* **Goodbye... et bonne chance!,** David J. Bercuson et Barry Cooper
* **Hans Selye ou la cathédrale du stress,** Andrée Yanacopoulo
Hiérarchie ethnique dans la grande entreprise, Jean-Marie Rainville
L'histoire des femmes au Québec, Le collectif Clio
Jacques Cartier - L'odyssée intime, Georges Cartier
La maison de mon père, Sylvia Fraser

Psychologie, vie affective, vie professionnelle, sexualité

L'accompagnement au soir de la vie, Andrée Gauvin et Roger Régnier
Adieu, Dr Howard M. Halpern
Adieu la rancune, James L. Creighton
L'agressivité créatrice, Dr George R. Bach et Dr Herb Goldberg
Aimer, c'est choisir d'être heureux, Barry Neil Kaufman
Aimer son prochain comme soi-même, Joseph Murphy
L'amour lucide, Gay Hendricks et Kathlyn Hendricks
L'amour obession, Dr Susan Foward
Apprendre à vivre et à aimer, Léo Buscaglia
Arrête! tu m'exaspères — Protéger son territoire, Dr George Bach et Ronald Deutsch
L'art d'engager la conversation et de se faire des amis, Don Gabor
Au centre de soi, Dr Eugene T. Gendlin
Augmentez la puissance de votre cerveau, A. Winter et R. Winter
L'autosabotage, Michel Kuc
Bien vivre ensemble, Dr William Nagler et Anne Androff
Le burnout, Collectif
La célébration sexuelle, Ma Premo et M. Geet Éthier
Ces hommes qui ne communiquent pas, Steven Naifeh et Gregory White Smith
C'est pas la faute des mère!, Paula J. Caplan
Ces vérités vont changer votre vie, Joseph Murphy
Comment aimer vivre seul, Lynn Shanan
Comment apprendre l'autodiscipline aux enfants, Thomas Gordon
Comment décrocher, Barbara Mackoff
Comment faire l'amour à la même personne pour le reste de votre vie, Dagmar O'Connor
Comment faire l'amour à une femme, Michael Morgenstern
Comment faire l'amour à un homme, Alexandra Penney
Comment faire l'amour ensemble, Alexandra Penney
Contacts en or avec votre clientèle, Carol Sapin Gold

Dire oui à l'amour, Léo Buscaglia
Dominez les émotions qui vous détruisent, Dr Robert Langs
La dynamique mentale, Christian H. Godefroy
Les enfants hyperactifs et lunatiques, Dr Guy Falardeau
Exit final — Pour une mort dans la dignité, Derek Humphry
Faites la paix avec votre belle-famille, P. Bilofsky et F. Sacharow
La famille moderne et son avenir, Lyn Richards
La fille de son père, Linda Schierse Leonard
La Gestalt, Erving et Miriam Polster
Le grand voyage, Tom Harpur
L'homme sans masque, Herb Goldberg
L'influence de la couleur, Betty Wood
Jouer le tout pour le tout, Carl Frederick
Maîtriser son destin, Josef Kirschner
Les manipulateurs, E. L. Shostrom et D. Montgomery
Le miracle de votre esprit, Dr Joseph Murphy
Négocier — entre vaincre et convaincre, Dr Tessa Albert Warschaw
Nos crimes imaginaires, Lewis Engel et Tom Ferguson
Nouvelles relations entre hommes et femmes, Herb Goldberg
Option vérité, Will Schutz
L'oracle de votre subconscient, Dr Joseph Murphy
Parent au pouvoir, John Rosemond
Parlez pour qu'on vous écoute, Michèle Brien
Paroles de jeunes, Barry Neil Kaufman
* **La personnalité,** Léo Buscaglia
Le pouvoir de la motivation intérieure, Shad Helmstetter
Le pouvoir de votre cerveau, Barbara B. Brown
La puissance de la pensée positive, Norman Vincent Peale
La puissance de votre subconscient, Dr Joseph Murphy
* **La rage au cœur,** Martine Langelier
Réfléchissez et devenez riche, Napoleon Hill
Retrouver l'enfant en soi, John Bradshaw
S'affirmer — Savoir prendre sa place, R. E. Alberti et M. L. Emmons
La sagesse du cœur, Karen A. Signell
S'aimer ou le défi des relations humaines, Léo Buscaglia
Savoir quand quitter, Jack Barranger
Secrets de famille, Harriet Webster
Les secrets de la communication, Richard Bandler et John Grinder
Seuls ensemble, Dan Kiley
Le succès par la pensée constructive, Napoleon Hill
La survie du couple, John Wright
Tous les hommes le font, Michel Dorais
Triomphez de vous-même et des autres, Dr Joseph Murphy
* **Trop peu de sexe... trop peu d'amour,** Jonathan Kramer et Diane Dunaway
Un homme au dessert, Sonya Friedman
Uniques au monde!, Jeanette Biondi
Vivre avec les imperfections de l'autre, Dr Louis H. Janda
Vivre avec passion, David Gershon et Gail Straub
Volez de vos propres ailes, Howard M. Halpern
Votre corps vous parle, écoutez-le, Henry G. Tietze
Votre talon d'Achille, Dr Harold Bloomfield

---

* Pour l'Amérique du Nord seulement. (0415)

imprimerie gagné ltée

IMPRIMÉ AU CANADA